AS LEIS DO
PENSAMENTO

SEGREDOS PARA USAR O DIVINO PODER DE SUA MENTE E MANIFESTAR PROSPERIDADE

AS LEIS DO
PENSAMENTO

SEGREDOS PARA USAR O DIVINO PODER DE SUA MENTE E MANIFESTAR PROSPERIDADE

Bispo E. Bernard Jordan

Tradução
Eric Faber

LAROUSSE

Título original: *The laws of thinking*
Originalmente publicada em 2007 por Hay House Inc., EUA.

Todos os direitos reservados.

Copyright © 2006 by E. Bernard Jordan
Copyright © 2007 by Larousse do Brasil

DIREÇÃO EDITORIAL   Soraia Luana Reis
EDITORES ASSISTENTES   Isney Savoy e Luciana Paixão
ASSISTÊNCIA EDITORIAL   Leila Toriyama
COORDENAÇÃO EDITORIAL   Miró Editorial
PREPARAÇÃO   Cid Camargo
REVISÃO   Eliel Cunha e Célia Regina R. de Lima
PROJETO GRÁFICO E DIAGRAMAÇÃO   Pólen Editorial
CAPA   Sart/Dreamaker Brand & Design
GERENTE DE PRODUÇÃO   Fernando Borsetti

Dados Internacionais de Catalogação na Publicação (CIP)
(Câmara Brasileira do Livro, SP, Brasil)

Jordan, E. Bernard
    As leis do pensamento / E. Bernard Jordan ; tradução de Eric Faber. — São Paulo : Larousse do Brasil, 2007.

    Título original: The laws of thinking.
    ISBN 978-85-7635-262-4

    1. Bem-estar econômico – Aspectos religiosos – Cristianismo 2. Dinheiro – Aspectos religiosos – Cristianismo 3. Riqueza – Aspectos religiosos – Cristianismo 4. Vida cristã I. Título.

07-6507   CDD-241.68

Índices para catálogo sistemático:

1. Prosperidade : Aspectos éticos :
Ensino bíblico : Cristianismo   241.68

1ª edição brasileira: 2007

Direitos de edição em língua portuguesa, para o Brasil, adquiridos por
Larousse do Brasil Participações Ltda.
Rua Profª Ida Kolb, 551, 3º andar – São Paulo/SP – CEP 02518-000
Tel. (11) 3855-2290 – Fax (11) 3855-2280
E-mail: info@larousse.com.br
Site: www.larousse.com.br

DEDICATÓRIA

Gostaria de dedicar este livro ao mentor de meu ministério, reverendo Frederick Eikerenkoetter, bacharel em teologia, doutor em ciências, Ph.D., carinhosamente conhecido como "Reverendo Ike"; aos membros da P.O.M.E., a companhia de profetas treinados nas antigas e sutis artes da profecia; e finalmente à minha esposa, a pastora Debra Jordan.

PARCEIROS DE PROFECIA

Quero agradecer a cada um de meus parceiros de profecia, cujo apoio financeiro possibilitou a realização deste livro. Sempre que alguém vier a se iluminar com a leitura desta obra, que Deus acrescente anos fecundos a suas vidas.

Profetisa Lorna Aaron
Profetisa Ioana Beckford
Irmão Calvin Brown
Carolyn Butts
Irmã Debra Campany
Irmão Edward Campany
Profetisa Mascareen Cohen
Irmão Basil Gibbs
Bispo Yardley Griffin
Irmão Dennis Green
Profetisa Alice P. Jackson
Pastora Debra Jordan
Profetisa Gloria Jean Kelley

Profetisa Willie Mae Parris
Irmã Anndera Peeples
Pastor Tecoy Porter
Dr. Ellington Porter
Profetisa Lynetta Ruble
Michael Ruble
Padre Joseph Simmons
Profetisa Justine Simmons
Dr. Cyclyn Smith-Mobley
Profetisa Marsha Mcghie-
 Steinberg
Bispo Shammah Womack

SUMÁRIO

Prefácio 11
Introdução "Se estou salvo, por que não prospero?" 15

Capítulo 1   A lei da evolução 19
Capítulo 2   A lei do espírito 31
Capítulo 3   A lei da atração 43
Capítulo 4   A lei da paixão 55
Capítulo 5   A lei do compromisso 65
Capítulo 6   A lei da palavra 75
Capítulo 7   A lei da mente 85
Capítulo 8   A lei da jornada 95
Capítulo 9   A lei da unidade 105
Capítulo 10   A lei da predestinação 115
Capítulo 11   A lei da humildade 125
Capítulo 12   A lei da fé 133
Capítulo 13   A lei do planejamento 143
Capítulo 14   A lei do sistema 153
Saber final 160

PREFÁCIO

Prosperidade passou do uso corrente ao clichê na última década. Pastores, fiéis, empresários, presidentes de conselhos de empresas, atletas, e até mesmo profissionais do entretenimento, todos sabem o que prosperidade quer dizer. Quando atingem seu quinhão de prosperidade, começam a perseguir o estilo próspero de vida, sem, no entanto, desenvolverem um projeto viável. Em sua maioria, chegam ao fim de uma exaustiva jornada e descobrem que não se aproximaram de seu objetivo – e, com efeito, não sabiam que seu objetivo deveria estar em primeiro plano.

Nos últimos quatro séculos, muitas igrejas têm censurado seus seguidores por práticas consideradas corruptoras do caráter moral. Nessa sincera tentativa de expurgar o que é ruim, também se tem lançado fora o maior bem de cada um – o dom divino de *pensar*. Enquanto muitas igrejas pulam como peixes fora d'água diante da idéia de um pensamento independente, falta a percepção de que o objetivo da criação está diretamente conectado à capacidade de o ser humano pensar por si mesmo. A salvação não acontece na alma da humanidade sem o uso da mente. A confissão é feita pela boca; mas, através da mente, se crê.

Infelizmente, muitos líderes religiosos não desejam que seus seguidores pensem. Temem que, ao libertarem a mente e começarem a se questionar, eles acabem por descobrir que estavam sendo manipulados e controlados. Assim, alguns líderes cristãos conservadores desdenham o intelecto e desestimulam o pensamento, negando aos seus congregados a conexão com seu bem mais sublime: a mente.

AS LEIS DO PENSAMENTO

Como membro da terceira geração de uma linhagem de pentecostais, lembro-me muito bem de pastores que proibiam estritamente seus fiéis de visitarem outras igrejas de nossa própria denominação, temerosos de que eles pudessem não voltar à sua igreja.

Lembro-me, também, do quanto alguns pastores nos estimulavam a ler apenas a Bíblia, sob o argumento de que outros livros poderiam contaminar nosso espírito e mente, desvalorizando-nos perante Deus. Naturalmente, eles excluíam livros de ciências, tecnologia, astronomia, medicina e mesmo direito. Muito poucos dos que professavam nossa fé ingressavam no mercado de trabalho a abranger essas disciplinas. Grande número de fiéis aquiescia e permanecia ignorante. Sendo eu um existencialista, optei por ler e reler obras dos principais pensadores de todo o mundo.

Embora muitos acreditassem que eu sairia dessa experiência pervertido, pregando alguma falsa doutrina, o que ocorreu foi precisamente o contrário. Pude então apreciar Jesus Cristo como nunca. Pela primeira vez em minha vida, percebi que Cristo na verdade é tudo. Percebi que Deus usa as *mentes* – a Mente Mestra, como diria o escritor Napoleon Hill – para comunicar verdades que ultrapassam a nossa limitada compreensão.

Poderíamos aceitar sem questionar o que alguns religiosos nos afirmam? Poderíamos aceitar que eles dispõem de algum acesso especial à verdade, do qual não dispomos? A única forma de obter respostas para tais questões está na busca do conhecimento. Essa procura requer que exploremos as avenidas que Deus nos abre para o aprendizado. Ler, questionar e adquirir conhecimento não significa contrariar a vontade divina, pelo contrário, é a *intenção* de Deus.

Visto que desprezaram o conhecimento e recusaram o temor do SENHOR, não quiseram aceitar o meu conselho e fizeram pouco caso da minha advertência, [...].

Provérbios 1:29-30

Existe uma correlação direta entre reverenciar Deus e prezar o conhecimento. Ninguém pode amar verdadeiramente a Deus sem também amar o conhecimento. O criador é conhecimento, e ele não deseja que suas criaturas permaneçam na ignorância. Apesar de sua fidelidade à igreja, à família e à comunidade, se você desconsiderar o conhecimento, não saberá como servir a Deus. É através do saber que podemos compreender toda suficiência, toda força e a mente onisciente de Eloí, criador do céu e da terra.

O temor ao SENHOR é o princípio do conhecimento, mas os insensatos desprezam a sabedoria e a disciplina.

PROVÉRBIOS 1:7

Ao longo dos anos, tive a honra de encontrar alguns dos principais líderes espirituais bem como os do mundo dos negócios. O mais extraordinário dentre eles é o reverendíssimo bispo E. Bernard Jordan. Em poucos deles, se houve algum, pude identificar um objetivo tão singular. A missão de sua vida é dar poderes a seu povo. E quem é seu povo? Jesus certa vez fez a mesma pergunta; a resposta do bispo Jordan foi a mesma: seu povo são aqueles que fazem a vontade do Pai.

O bispo Jordan escreveu uma obra estelar, que é afiançada pela libertação da mente escravizada, pela absolvição dos pecados, pela cura dos enfermos. *As leis do pensamento* não é obra para mentes superficiais. É obra exigente, desafiadora. Não se destina a ser utilizada pelo juízo crítico sem mérito, nem como fundamento de sermão ao ministro em dificuldade para receber uma palavra renovada do Senhor. É obra escrita com um objetivo preciso: provocar o pensamento espiritual. O bispo Jordan concebe que tudo na vida tem início com um pensamento. A Microsoft, de Bill Gates, a Harpo Productions, de Oprah Winfrey, a DreamWorks, de Steven Spielberg, a Ford Motor Company, de Henry Ford, e mesmo seus próprios Ministérios Zoe, todos começaram com um pensamento.

Toda invenção, universidade, livro, canção, negócio, casa, arranha-céu, filme, peça de teatro e os bebês tiveram início quando alguém resolveu pensar. Nada acontece sem pensamento. A criação não ocorreu sem o pensamento de Deus. O primeiro objetivo do bispo Jordan é levar você a pensar. O segundo é ajudar você a compreender as leis que governam o universo do pensamento. E seu objetivo final é ajudá-lo a organizar seus pensamentos num sistema que assegure resultados positivos em sua vida. Os vencedores na vida não são necessariamente colossos de erudição, ou os mais espiritualizados, mas antes gente que resolve a maior parte dos problemas para seus companheiros de viagem.

AS LEIS DO PENSAMENTO

Solucionar problemas é a profissão mais lucrativa do universo porque, afinal, todo mundo tem problemas. Porém, para ajudar os outros a resolver efetivamente seus problemas, você precisa ter um sistema viável, efetivo, fácil de usar e de ensinar, capaz de solucionar seus próprios problemas. Sem um sistema, você fracassa. Eis por que profissionais do entretenimento e atletas falham, embora poucos anos antes se encontrassem no topo do mundo. Eles não tinham sistema. Este livro ensina que sistema é esse: as leis do pensamento. Essas leis são um conjunto de princípios organizados, cujo cumprimento é administrado por uma autoridade. Descumpra a lei e você terá pela frente conseqüências infelizes. Obedeça à lei e experimentará liberdade, prosperidade e satisfação. Em *As leis do pensamento*, o bispo Jordan demonstra como alcançar a liberdade que você sempre sonhou desfrutar, sem, entretanto, jamais ter pensado em como atingi-la. Você chegará ao apogeu quando descobrir a verdade oculta: você não precisa procurar a mente de Deus. Você já a possui. Continue a leitura e se transforme!

Quem conheceu a mente do Senhor para que possa instruí-lo? Nós, porém, temos a mente de Cristo.

1 CORÍNTIOS 2:16

Aaron D. Lewis, Ministro, Ph.D.
A Família de Deus, East Hartford, Connecticut.

INTRODUÇÃO

"SE ESTOU SALVO, POR QUE NÃO PROSPERO?"

A vida é aprendizado, e uma das verdades que aprendi, ao me desenvolver na profecia e na compreensão da realidade de vontade e espírito divinos, é que ao mesmo tempo que a fé é o coração do significado do ser humano, ela também tem um outro lado. Combinada com a ignorância, a fé pode gerar um perigoso fatalismo.

É bem provável que você conheça alguém assim: uma pessoa que foi salva e é um dos filhos do Senhor, mas que se mantém ociosa e assiste à vida e às oportunidades passarem, porque "deixou tudo nas mãos de Deus". Pessoas assim geralmente se perguntam – e muitas delas me dizem isso – por que, embora freqüentem a igreja, contribuam com o dízimo, e aceitem Cristo como seu salvador, são outras que se tornam ricas, vivem em mansões e dirigem carros fantásticos, enquanto elas têm de lutar para pagar as contas, ou ainda pagar aluguel, já depois dos quarenta anos. Essas pessoas costumam me perguntar: "Por que Deus está zangado comigo?"

Sempre lhes digo a mesma coisa: Deus não está zangado com vocês, porém talvez esteja frustrado. E então partilho com elas algo que nem todas estão preparadas para aceitar: a prosperidade ou a pobreza não se encontra nas mãos de Deus, mas nas suas próprias mãos. "A culpa, meu caro Brutus, não está nas estrelas, mas dentro de nós mesmos[1]...". Essas pessoas de fé, que em geral são boas, honestas, compassivas, costumam amar e servir a Deus, embora não o compreendam. Elas não entendem como Deus opera neste plano terreno. Elas

---

[1] Fonte: http://www.amk.ca/quotations/shakespeare/page 10. (Shakespeare, *Júlio César*.)

não percebem: ao mesmo tempo em que ele criou as leis da física, da biologia e da química para este mundo, criou também leis que regem a si mesmo bem como ao espírito residente em cada um de nós. Pois Deus se rege por leis de seu próprio desígnio; sem elas, tudo seria caos. O que acontece quando você permanece ignorante em relação às leis da natureza e age sem observá-las? Você comporta-se confusamente – pula de uma ponte por acreditar que pode voar, ou faz alguma outra loucura semelhante. E quando ignora as leis de Deus você também fica confuso. Pensa por que a fortuna, o poder e o sucesso chegam aos outros e não a você, embora obedeça a Deus com todas as suas forças.

Bem, aqui está a novidade: Deus não quer que você obedeça a ele. Ele pretende que você obedeça a si mesmo e cumpra o objetivo divino que ele lhe ordenou. Mas você não pode cumpri-lo se permanecer ignorando como Deus age neste reino terreno.

As leis do pensamento é um livro sobre o que eu chamo de "fé esclarecida" – fé em Deus a se fazer onipotente e plenamente realizada por seu conhecimento das leis que governam o relacionamento de Deus com você e seu relacionamento com o mundo.

Como se pode perceber pelo título deste livro, todas as leis concernem a essa fantástica estrutura depositada entre os ouvidos humanos: a mente. Você vai descobrir que seus pensamentos possuem o poder de dar forma à natureza divina que está em você: o "Eu sou", que faz de você um criador com o Criador. Seu poder divino de criar o que deseja neste mundo permanece adormecido em sua mente, como ocorre com qualquer outro homem ou mulher deste planeta. Quando você percebe plenamente sua presença e seu objetivo – e, principalmente, os modelos, padrões e hábitos de pensar, neles implícitos –, que poder se opera! A vida se torna um terreno de possibilidades infinitas. Fortuna, bons companheiros, oportunidade e a chance de mudar aspectos do mundo... tudo se manifesta. Você *se torna* deus.

Como se vê, esse conhecimento pode abalar seu mundo. Ele é sopro mental e expansão da percepção, e nem todos serão capazes de lidar com isso. De fato, eu diria que a maioria dos cristãos não pode lidar com *As leis do pensamento*. Por quê? Por ser assustador sugerir: Deus pode ser compreendido, nada é dado a você apenas para ser exposto e, para atingir seus objetivos nesta vida, você precisa descobrir sua paixão, seu propósito, trabalhar as suas idéias de forma que as grandes coisas aconteçam.

INTRODUÇÃO

Isto coloca a responsabilidade pelo fracasso ou sucesso estritamente sobre seus próprios ombros. Muita gente não pode lidar com isso também por medo. Para essas pessoas, é muito mais fácil sentar-se e esperar que Deus lance bênçãos sobre elas, numa espécie de loteria cósmica. O temor as paralisa, e, como veremos, o medo é uma emoção inútil.

Que espécie de cristão é você? Alguém dentre os fatalistas medrosos, ou um dos estudiosos da Lei, plenamente consciente e pronto a reivindicar seu direito natural enquanto parceiro júnior de Deus – ajudando a revelar sua parte da visão divina perante o mundo? O que você mais deseja já está aí, esperando que você o mostre e o reivindique.

As lições deste livro o ajudarão a:

- perceber sua natureza divina;
- compreender o propósito de Deus para você;
- assumir controle sobre pensamentos e emoções improdutivos;
- identificar, entre as pessoas que o cercam, aquelas que atrapalham seus objetivos;
- saber como atrair os resultados que almeja;
- enxergar coisas boas que acontecem mesmo no infortúnio;
- desvendar o maquinário secreto que governa o universo;
- atingir a riqueza e a prosperidade que o aguardam;

e muito mais...

Pronto? Louve a Deus: você começa a mudar sua vida para sempre e a atingir a fé esclarecida. Amém.

Um último aviso: se você pretende se aprofundar nos estudos sobre esses tópicos, vá em busca de um livro incrível a que temos recorrido como um guia, *O milagre de pensar certo (The miracle of right thought)*, de Orison Swett Marden. Você pode encontrá-lo no site **www.zoeministries.com**.

E. Bernard Jordan

CAPÍTULO 1

A LEI DA EVOLUÇÃO

O SENHOR lhe respondeu: "Dou-lhe a minha autoridade perante o faraó, e seu irmão Arão será seu porta-voz."

ÊXODO 7:1

Quem é você? Você pode achar que sabe responder a esta questão, mas pode estar enganado. Não me diga seu nome; seja ele qual for, não é você. Até saber quem é você, não poderá compreender onde vive. Quando souber quem é, ficará muito claro por que está aqui na Terra, em seu corpo, neste momento.

Vamos começar esta exploração lembrando uma das cenas mais famosas do Antigo Testamento: Moisés falando à sarça ardente. Nessa passagem da Bíblia, Moisés ouve a voz de Deus dirigindo-se a ele a partir de uma sarça em chamas, que, porém, não se consumia. Ciente de que esse fato consistia em um milagre, Moisés submete-se ao Senhor e recebe a missão que mudará sua vida: libertar os hebreus da escravidão. Em Êxodo 3:13-14, afirmam as Escrituras:

Moisés perguntou: "Quando eu chegar diante dos israelitas e lhes disser: O Deus dos seus antepassados me enviou a vocês, e eles me perguntarem: 'Qual é o nome dele?' Que lhes direi?" Disse Deus a Moisés: "Eu Sou o que Sou. É isto que você dirá aos israelitas: o Eu Sou me enviou a vocês".

Nestas duas palavras, "Eu sou", encontra-se a plenitude de sua verdadeira natureza. Deus pôs você neste mundo não para ficar esperando que ele deposite as coisas em suas mãos, mas para que você mesmo declare "Eu sou". Quando você pronuncia "Eu sou", não está dizendo exatamente quem é, mas sim qual é o seu objetivo. Eles são uma única e mesma coisa. Esta é uma das verdades essenciais das leis do pensamento:

QUANDO VOCÊ AFIRMA "EU SOU", VOCÊ SE TORNA DEUS.

Sua natureza divina

Mentes ignorantes considerarão tal afirmação uma blasfêmia. Isso ocorre apenas porque elas não compreendem verdadeiramente a natureza do relacionamento entre Deus e o homem. Todos nós fomos criados à imagem de Deus; nada existe em Deus que também não exista no homem, e tampouco existe algo no homem que não exista em Deus. Você se conduz aqui pelo "Eu sou" e este "Eu sou" é o estado de sua mente e de sua imaginação. Existe divindade em você, se você for capaz de percebê-la.

Vamos, tente! Essa é uma grande idéia, talvez a maior de todas. Você é deus. Porém, quando você pensa nisso, considera, de fato, uma idéia esquisita? O ser humano é a única criatura capaz de criar seu mundo e dar forma a ele, de realizar coisas pelo simples fato de pensar que elas podem ser realizadas (afinal, todas as coisas têm início na mente) e, então, trabalhar para transformá-las em realidade física. Quem mais teria o poder de criar o que antes não existia? Obviamente, Deus!

Quando você afirma a sua natureza do "Eu sou", está afirmando o seu direito inato, e avançando em seu papel de procurador de Deus no mundo. Você começa a descobrir o seu objetivo, que é prosseguir em divindade e afirmar a vontade de Deus entre os homens, por intermédio de suas obras e ações.

O que significa isto? Significa que, da mesma forma que a afirmação de Deus se torna realidade, a sua também se torna. Quando você afirma "Eu sou", está herdando o mesmo poder de fazer seus pensamentos se manifestarem nessa realidade. Desse modo, você se move para além da necessidade, que é a fonte da miséria e da pobreza do espírito, como disse Buda. Em lugar do desejo e da cobiça, busque, antes, a sua natureza divina:

SE VOCÊ DESEJA ALGUMA COISA, DIGA A SI MESMO QUE VOCÊ É ESSA COISA, E ELA SE MANIFESTARÁ NA REALIDADE OBJETIVA.

Se você deseja uma bela casa, você tem de ser a casa. Se seu desejo é ser dono de uma empresa próspera, diga a si mesmo que você é essa empresa. Não há diferença entre o seu ser e a casa, a empresa, ou seja, o que for que deseje ardentemente. Aí está o seu poder divino, assegurado a você pelo Pai, como parte de seu ser! Não existe maior herança que esta.

As pessoas o desdenharão por não se consumir

Moisés pastoreava o rebanho de seu sogro Jetro, que era sacerdote de Midiã. Um dia levou o rebanho para o outro lado do deserto e chegou a Horebe, o monte de Deus. Ali o Anjo do SENHOR lhe apareceu numa chama de fogo que saía do meio de uma sarça. Moisés viu que, embora a sarça estivesse em chamas, não era consumida pelo fogo.

ÊXODO 3:1-2

Quando você reivindicar a sua natureza do "Eu sou", você será como Deus naquela sarça ardente: em chamas, mas sem se consumir. Isto será extraordinário para você, como se tivesse a consciência da profecia e do objetivo de Deus em sua vida a germinar como uma flor em seu interior. É como se você caminhasse diariamente na Palavra, sabendo que progride rumo ao destino que Deus lhe ordenou, desde que o universo foi criado. Mas, quando outras pessoas perceberem a sua natureza divina, ficarão confusas. Verão que você é como a sarça ardente, e, como ela, não se consome.

Como se vê, a maioria das pessoas não pode perceber Deus no homem. Elas suplicam milagres, porém esperam milagres que envolvam a separação dos mares, ou pragas de gafanhotos (de preferência, desabando sobre seus adversários). Não conseguem perceber que o verdadeiro milagre está diante dos olhos de pessoas como você. O milagre é você ser deus, e poder, em carne e osso, declarar-se deus e, ainda assim, não ser consumido pelo espírito a habitar em você. Como isso é possível? Aí está o milagre. Quando a sua consciência de "Eu sou" tomar ciência de si, você poderá viver e andar em espírito, e ainda não ser consumido por ele. Tornando-se consciente do espírito que o habita, você *torna-se* esse espírito. Essa consciência é um processo "retardador das chamas", que o leva a influenciar o espírito, na criação das obras de Deus, sem se consumir. Não deixe seu objetivo de lado, nem permita ser desencorajado por pessoas que não podem compreender a natureza de seu verdadeiro eu, mesmo quando elas não conseguem desviar os olhos do fogo. O caminho de cada indivíduo é uma escolha, e alguns escolherão tornar-se conscientes, depois que você o fizer, enquanto outros jamais alcançarão essa consciência. Não se apiede deles, tampouco escute suas palavras negativas ou ambíguas. Preserve-se verdadeiro, rumo à sua verdade divina.

Você tem consciência da natureza de Deus?

Os ensinamentos, nesta parte do livro, constituem o alicerce para tudo o que virá a seguir. A simples verdade cósmica é que Deus o deseja como acompanhante, para caminhar na divindade, e para experimentá-lo na via em que você deve seguir: como seu parceiro a levar a sua palavra à carne neste mundo. Isto vai contra diversas interpretações que insistem em um Deus irado, vingador, sempre a buscar razões para lançar o homem ao inferno. Isso é absurdo. Se você é um reflexo de tudo o que existe em Deus, por que iria ele lançar fúria e castigo contra si mesmo? Por que iria ele condenar a Si mesmo? Aprender as leis do pensamento nos esclarece sobre muitos desses ensinamentos cristãos tradicionais e revela-os como realmente são: terríveis métodos de controle, ligados a pessoas não evoluídas.

Quando você desperta e começa a partilhar da verdadeira natureza divina, começa a partilhar de sua própria verdadeira natureza. Em outras palavras:

SE VOCÊ NÃO CONHECE A NATUREZA DE DEUS,
NÃO CONHECE A SUA PRÓPRIA NATUREZA.

Você não sabe quem é, nem o que é (tampouco quem e o que você poderá *ser*), antes de compreender quem e o que é Deus. Você só pode partilhar de uma revelação que recebeu. Enquanto caminha em um estado de inconsciência, não pode ter as coisas que Deus decretou para você.

Deus não é um nome ou um substantivo

Pois é. Surpreendi você? Isso é bom – haverá muitas surpresas nestas *leis do pensamento*. Mas é verdade: Deus não é um nome ou um substantivo. Um substantivo vem a ser uma pessoa, lugar ou coisa, e Deus é tudo acima e, acima de tudo, Deus é força, mente, intelecto e espírito. Esse espírito existe por uma razão acima de todas as demais: *manifestar mudanças no mundo*. Portanto, se levar essa idéia à sua conclusão lógica, você chegará a estas palavras:

DEUS É UM VERBO.

Deus é uma palavra *ativa*. É um verbo a exprimir a ação. Lembre-se, Deus afirma que seu nome é "Eu sou". "Eu sou" é uma frase ativa que floresce do verbo "ser". Assim, ser deus – o que você vem a ser – é ser. Quando você chega à sua consciência de "Eu sou", encontra-se em ação como deus. Deus é ação. Deus em você é uma força para assumir a ação e criar mudança nesta realidade física. Deus é a ação em si mesma. Quando se encontra em um estado de ser "Eu sou", você é a ação *em si mesma*.

O que isso significa? Significa que, quando você afirma "Eu sou", reivindica o poder e a responsabilidade de agir, manifestando a vontade de Deus na terra. Quando fala "Eu sou", assume um novo papel ativo, e Deus espera ver a nova ação que você assume. Você é o ator, o escritor, o diretor, o produtor e a causa de todos os fenômenos.

Você precisa produzir a sua causa, mas também estar certo de estar alinhado com a causa divina. No caso de uma causa contrária, obterá resultados contrários. João 10:30 afirma: "Eu e o Pai somos um." Você precisa estar em alinhamento de objetivos com Deus, se suas ações visam provocar as manifestações que ele deseja.

Isto é decisivamente importante. Eis por que é vital suprimir seu intelecto, e mesmo seu ego, quando você afirma "Eu sou". Mesmo se você partilha da divindade que Deus lhe concedeu, não deve buscar impor sua própria vontade sobre o que Deus deseja de você. Precisa estar aberto a ouvir Deus e a produzir e criar o que ele tem em mente para você.

Quando você consegue colocar de lado o ego (o que não é nada fácil de fazer) e manter sua mente tranqüila, em paz, abre-se a si mesmo para ser um portador, um condutor de idéias que lhe vêm diretamente de Deus. Enquanto há esse acordo entre a mente e o objetivo, você experimenta o constante e eterno fluir de idéias e inspiração originárias de Deus.

Você termina copiando da Fonte. É como ter o melhor aluno da classe sempre sentado perto de você, sempre deixando-o copiar suas tarefas! Você desperta, cheio de vida, com fervor e fluxo de novas idéias, de novas coisas a construir e criar, de novas oportunidades para semear e dar, de novas riquezas em seu caminho. Um vibrante caminho para viver e servir à intenção do Senhor supremo.

Vivemos em um universo de evolução

Atrás, dei-lhe uma definição incompleta. Disse-lhe que "Eu sou" vem do verbo "ser", mas isso só é verdadeiro em parte. "Eu sou" também deriva do verbo "devir", "tornar-se", "evoluir". Não disse isso antes porque era um pouco cedo para compartilhar com você, mas agora você está pronto para a revelação. Eis a revelação, a primeira das leis do pensamento:

> NÃO VIVEMOS EM UM UNIVERSO DE SER,
> MAS DE EVOLUIR.

Nada que vive é estático. Deus não é estático. Não criou o mundo eras atrás para então sentar-se e jamais mudar. Deus é EVOLUÇÃO; ele transforma seu ser, suas idéias, seus propósitos, durante o tempo todo. Deus é devir. E porque você foi criado à imagem de Deus, e todas as coisas em sua pessoa são deus, você também é devir. Se permanecesse imóvel, se fosse apenas ser, então estaria morto. Não vivemos em um universo que foi feito; vivemos em um universo que está sendo feito, a todo momento.

Tudo acontece em estágios. Tudo e todos são evolução, mudança, e se tornam algo novo, movendo-se rumo ao que serão amanhã. E quando chegam a esse estado, adivinhe! Começam a tornar-se o que serão no dia seguinte! A cada momento, você se move rumo a um novo estágio de ser – rumo à realização de seu potencial, como determinado por Deus, ou para longe desta realização. A escolha é sua, mas você jamais pode parar de se mover. Você está sempre a caminho de tornar-se outro, de vir a ser alguém diverso do que é nesse momento. A questão que você deve levantar é esta:

QUEM ESTOU ME TORNANDO?

Há liberdade bem-aventurada e alegria no fato de *tornar-se*. Você nunca está preso ao que você é. Nunca está amarrado a um estado de pobreza, enfermidade ou solidão... a menos que você escolha estar. Esta é a mensagem do "Eu sou". Quando você afirma a si mesmo ser deus, assume responsabilidade pelo seu tornar-se. Deus não é o responsável? Então, como pode alguém mais ser responsável por salvá-lo de uma vida que não é bem aquela que você esperava ter? A dura verdade é que ninguém vai salvá-lo. Esse não é o trabalho dos profetas, de seus amigos, de sua família, de ninguém. Não é o trabalho de Deus: sua tarefa é colocar o caminho ante você e falar: – "Aqui, ordenei que você seguisse nessa direção". Segui-la ou não depende inteiramente de você.

Evoluir nos fortalece para mudar o que somos, e para mudar a nossa sorte na vida. Não fosse assim, pessoas que nasceram pobres não poderiam se tornar bilionárias, proprietárias de imensas empresas ou estrelas da música famosas mundialmente. Permaneceriam em seus pobres viveiros, morreriam ou seriam presas. Em vez disso, elas compreenderam que seu destino se transformava, e essa transformação as fortalecia para modificar a realidade.

De volta à Palavra

Para transformar-se, você precisa descobrir seu "Eu sou", e para fazê-lo precisa voltar à Palavra. Precisa estar em paz, repousar seus pensamentos e seu ego, e ouvir a voz de Deus a lhe falar. Se não o fizer, condena-se a si mesmo a viver em um universo do passado, em uma foto imóvel de como era a sua vida.

Você ficará entusiasmado. O universo, tal como é na mente de Deus, é um filme que ele sempre está montando – e você, como parceiro de Deus, ajuda-o na montagem. Se Deus é o roteirista da montagem, você, em seu estado de mente "Eu sou", é seu assistente.

"... estamos em um constante estado de criação."

O devir e a evolução, transformando Deus, são conceitos difíceis de aceitar, para algumas pessoas. Elas sentem-se mais seguras ao pensar que Deus parou há muito tempo, na Bíblia, e que ele nunca se transforma. Mas, se nós espelhamos Deus, vemos como o mundo humano se transformou nesses milênios, desde que aconteceram as histórias bíblicas. Sendo assim, não faz sentido que Deus também possa mudar? De qualquer forma, estamos em um constante estado de criação. Nossos corpos criam novas células a cada momento. Substituímos todos os trilhões de células de nossos corpos a cada sete anos. Estamos constantemente renascendo na carne e, devido ao amor divino, estamos constantemente renascendo no espírito. Esse amor dá a cada célula uma segunda chance, uma terceira, uma quarta chance de despertar para a verdade do "Eu sou" e realizar seu verdadeiro potencial. A cada manhã, você se renova e se cura. Você tem um novo dia para transformar o mundo.

Você é um "favor-ito"?

Na Bíblia, você pode ler sobre os diversos povos que viveram na terra a que Moisés levou os hebreus, depois de escaparem da escravidão: hititas, jebusitas, cananitas[2], etc. Mas o que aconteceria se um novo povo se formasse, e pertencer a ele se baseasse não na linhagem sanguínea, mas na capacidade de ser um com a Palavra e com o objetivo divino, deixar Deus se manifestar através de você? O que aconteceria se, afirmando e vivendo seu estado de "Eu sou", você obtivesse ingresso nesse grupo de elite? Você se tornaria um "favor-ito", sobre quem Deus lançaria sua graça e seu favor.

Quando você se torna um favor-ito, uma era de graça e favor se encontra sobre você. Boas coisas acontecem em sua vida, sem que apa-

---

[2] Ou hititas, jebuseus, cananeus. Deuteronômio 7:1. NVI. (N. do T.)

rentemente você tenha trabalhado por elas; você estava ocupado semeando, ou dando dinheiro, ou buscando desenvolver projetos em outra área, e o dinheiro simplesmente bate à sua porta. E as pessoas vão falar: "Como você fez isso?" Mais importante, elas vão falar: "Por que ele conseguiu, enquanto eu trabalho tão arduamente e não consigo nada?" Apenas sorria interiormente e aprenda uma verdade fundamental da ordem divina das coisas:

O FAVOR NÃO É IMPARCIAL.

É verdade. O favor não acontece àqueles que o buscam pelo suor de seu rosto, nem àqueles que nada fazem além de sentar na igreja, jamais doando além do mínimo, e sentados esperam Deus sorrir para eles. Deus os olha com piedade, pois nada obtêm. O favor só acontece para aqueles que compreendem como Deus opera neste mundo. O favor não é imparcial. Algumas pessoas vão odiá-lo devido a essa parcialidade, mas você tem de ser capaz de suportar sua censura e continuar a afirmar "Eu sou", mesmo se disserem que você é arrogante. Pois que favor importa mais: o de Deus ou o de seus vizinhos?

Como Deus opera

Guardei a idéia mais importante para o fim deste capítulo, pois ela vem dar forma ao material por vir. Como já disse, a chave para o favor, e para receber o favor que Deus ordenou à nossa vida, consiste em compreender como Deus opera neste mundo – incluindo a compreensão das leis por ele criadas, e que irei abordar. Esse tema pode sintetizar-se nestas palavras:

O OBJETIVO DA EXISTÊNCIA HUMANA É EXPRESSAR
O OBJETIVO DO ESPÍRITO DE DEUS NO MUNDO MATERIAL.

Pois é! Que idéia extraordinária! Pode significar que, em vez de os seres correrem como formigas, como alguns cristãos poderiam levá-lo a acreditar, Deus colocou cada um de nós aqui para representar um papel que ilumina a manifestação física do plano divino. Cada pessoa representa uma parte, realizando uma parcela desse projeto. Deus é o Arquiteto Primeiro, e cada um de nós é o arquiteto de nossa própria existência, pensando coisas sobre o ser com o poder de nossa mente. Eis por que Deus criou o homem: para representar seu papel iluminando partes da miríade do eterno objetivo divino. Em outras palavras:

O ALVO DA CRIAÇÃO É A MANIFESTAÇÃO
NA REALIDADE OBJETIVA.

Se isso não lhe abala as estruturas, experimente isto: Deus precisa de você. Ele precisa de todos nós. Como você vê, Deus não é carne. É espírito. A meta do espírito é exprimir-se, mas como o espírito não é carne, não pode exprimir a si mesmo neste plano material. Precisa de um vaso para preenchê-lo, e é então que o espírito pode conduzir esse vaso para exprimir a sua meta. Note que a própria palavra "manifestação" – *manifestation*, em inglês – começa com *man*, homem ou humano.

Eis por que Deus criou a nós e ao cosmos: para exprimir seu propósito na realidade material! Eis uma emocionante, humilde responsabilidade, não é? O objetivo da existência humana é exprimir o objetivo do espírito – torná-lo manifesto no reino material. Mas, para fazê-lo, você precisa compreender que também é espírito. Você é um espírito que anda e fala, coberto por uma seqüência de sangue e carne, e é esse espírito que o faz um com Deus.

Muitas pessoas não podem sentir ou ouvir o espírito falando no interior de si mesmas; assim, não podem falar com a voz do espírito. Eis por que é tão importante encontrar-se em paz e tranqüilidade – acalmar sua mente e o caos de seus pensamentos, intelecto, preocupações, temores –, de forma que possa ouvir o espírito falando em seu interior. Quando você se torna plenamente consciente desse espírito – quando lhe dá plena atenção –, você o desperta, e então pode exprimir seu estado de ser "Eu sou". Você se torna *spirit ex-primo*, espírito que se exprime. O homem é simplesmente Deus exprimindo-se neste mundo através da carne. Quando você ouve e acalenta o espírito que compartilha com Deus, suas palavras exprimem os pensamentos divinos, exprimem a luz divina em seu interior.

Eis por que é tão crucial sempre pensar sobre a riqueza, a prosperidade, a saúde, a paz. Quando você fala em espírito, suas palavras se manifestam, para o bem ou para o mal. Você está na Terra para manifestar seu "Eu sou", e para seguir adiante e exprimir a divina visão da vida. Seu alvo é *tornar-se* deus. O que isso significa, em um primeiro capítulo? Há muito mais por vir.

***

RESUMO

- Você possui uma natureza divina, que compartilha com Deus.
- Você precisa perceber o "Eu sou" para que este se manifeste.
- Você há de se tornar as coisas que deseja.
- Deus é ação.
- Vivemos em um universo de evolução. Você sempre está se transformando, em evolução.
- O favor não é imparcial.
- Você foi criado por Deus para manifestar a sua visão.
- Você é espírito.
- Sua meta é tornar-se deus.

CAPÍTULO 2

A LEI DO ESPÍRITO

O próprio Espírito testemunha ao nosso espírito que somos filhos de Deus.

ROMANOS 8:16

Vamos falar sobre o medo. O medo é uma emoção inútil. Pense na palavra temor – em inglês, *FEAR* – como abreviação de Falsa Evidência Aparecendo como Real. Isto é, quando você sente medo de fazer algo, é porque algo mente a seus olhos e ouvidos, e o leva a acreditar que você não possui o necessário para alcançar uma meta, ou para trazer sucesso à sua vida. O medo é uma profecia auto-realizada, algo encerrado em sua vida que o demônio alcança para devastar e provocar sua miséria. Certamente, como em todas as coisas que envolvem as leis do pensamento, você tem de *escolher* deixar o medo tornar-se um fator de sua vida. Se o fizer, colherá os resultados, como acontece quando você vive sua vida com confiança e fé em Deus.

O medo traz dor e violência à sua vida porque o impede de realizar ações que o beneficiam e de cumprir a visão do Onipotente, embora não seja este o maior efeito do medo. A maior devastação do medo acontece na mente. Eis algo que você pode saber:

A MENTE AGE SOB O IMPULSO DA MAIS FORTE SUGESTÃO QUE LHE É DADA.

Seja qual for seu foco, ele é o que acontece ao ser. Você precisa concentrar-se no que vem de seu espírito, de forma a controlar a sugestão que influencia a sua mente, ou estará sujeito a sugestões negativas de sua própria mente e do mundo. O que você sugere à sua mente? Medo e tormento? Ou confiança e fé? Os pensamentos a lhe dominar a mente são os que você traz à existência no mundo dos pensamentos, e o que se torna pensamento finalmente se torna material. Se você está vivendo em pobreza ou necessidade material, provavelmente seja por estar vivendo na manifestação física de seus temores!

Onde você está bloqueando o espírito?

Quando você abre a mente à Palavra e ao objetivo divinos, você trabalha em espírito e fica muito mais fácil criar a prosperidade e a oportunidade que deseja em sua vida. Como vê, o espírito é a força criadora original; o espírito existe para manifestar-se neste plano físico. Assim, quando você age destemidamente, corajosamente, em espírito, não precisa trabalhar para criar os resultados que deseja. O espírito os criará para você. Dinheiro e oportunidade financeira fluirão para suas mãos aparentemente sem esforço, pois quando remove todas as barreiras do espírito e o deixa trabalhar através de você, é como se um rio de boa sorte corresse precisamente em sua direção.

E quando você se esforça? Quando pensa que está agindo em espírito e que ouviu a Palavra de Deus e trabalha em uníssono com ele? O que acontece, então? Bem, provavelmente significa que você deixou a inquietação deslizar através de seu pensamento. Quando você se esforça para manifestar seus desejos, ou quando alcança apenas rudes fragmentos na vida, está brigando com o objetivo do espírito, em seu interior. Seu ego atravessa o caminho do objetivo divino. É como se você dissesse: "Espere, Senhor, eu sei como fazer isto melhor".

> *"Inquietação, tensão, dúvida – são formas de dizer que você não acredita em Deus."*

Deixe-me falar-lhe: é tolice perguntar a Deus como ele está agindo para manifestar bênçãos e favores em sua vida, e maior tolice é buscar dizer a Deus como isso deveria acontecer. Ele deseja trabalhar com você, tornando-o um canal para sua manifestação na Terra; ele não o quer para ensinar-lhe como ser Deus. Inquietação, tensão, dúvida – são formas de dizer que você não acredita em Deus. O Senhor deseja que lhe dêem crédito. Quando você se inquieta ou duvida, bloqueia a palavra do espírito. A inquietação acorrenta a manifestação do espírito. Tudo existe em fluxo, mas inquietação, temor, ansiedade... bloqueiam o fluir. Ou:

A INQUIETAÇÃO É MEDITAÇÃO NA DIREÇÃO ERRADA: NEG-AÇÃO.

O esforço é a forma de o universo o ensinar a deixar o ego e deixar de bloquear o espírito que está trabalhando através de você. Quando você se esforçar, lembre-se de deixar de brigar, creia em Deus, abandone o volante e deixe-o pilotar. Há coisas em sua vida que não se manifestam? Onde você está bloqueando o espírito?

O poder de nomear

Vamos abordar este tema adiante, mas é importante mencioná-lo aqui. Parte da lei do espírito consiste no poder de nomear. O segredo e o poder de viver consistem em saber o nome de quem você é e o que deseja. Esta é uma idéia antiga que precede o cristianismo: se você sabe o verdadeiro nome de algo, pode exprimir sua natureza e comandá-lo. O nome de uma coisa é a primeira e mais básica expressão do espírito dela. Quando você deseja agir em espírito, primeiro precisa saber e falar o nome de quem, ou do que você está buscando manifestar neste mundo.

Isso nos leva novamente ao conceito de afirmar sua qualidade de "Eu sou", e partilhar de sua natureza divina. Adiante, voltaremos ao tema. Você também precisa nomear as coisas que deseja em sua mente. Isso as congela e permite ao espírito trabalhar, manifestando-as na realidade física. Essa manifestação pode tomar tempo, mas, se você for paciente, a manifestação acontecerá. Lembre-se, não pergunte a Deus quanto tempo pode levar. Apenas confie, que acontecerá.

Você sabe o nome das coisas que deseja que se manifestem em sua vida? Se não, precisa começar a pensar nisso hoje, agora.

Abraçar seu filho

Todos nós sabemos que Jesus Cristo era o filho de Deus. Mas ele também é chamado de o filho do homem. Por quê? Porque você é deus, e assim Jesus é tanto fruto do homem, quanto do criador. Isto nos leva ao conceito de "filiação". Somos chamados filhos de Deus, mas o que isso significa?

Em nosso caminhar como fiéis, florescemos em três estágios de filiação:

1. Infância, quando não podemos fazer escolhas e somos basicamente escravos das ações dos outros.
2. Filhos de Deus, quando podemos começar a compreender mais sobre Deus e o espírito, mas permanecemos sem poder de escolha.
3. Filhos maduros de Deus. Aí, sim, temos a capacidade que podemos utilizar, de ver as coisas que o Pai deseja de nós para começarmos a compreender.

Com o tempo, podemos ir para onde Deus nos chama – rumo a nosso potencial como líderes, artistas, empreendedores, escritores, pais etc. Quando compreendemos plenamente o que Deus deseja de nós, e quem somos nós para manifestar esse desejo, tornamo-nos algo mais: *herdeiros de Deus*. Todas as pessoas são filhas de Deus; somente poucos eleitos tornam-se seus herdeiros. Estes passaram por provas para aprender e florescer na plenitude de seu estado como co-iguais a Cristo, como filhos de Deus.

Aqui vou eu novamente, soprando em sua mente! Bem, e se eu lhe disser que o universo aguarda que você se manifeste como deus? Quando você se torna um verdadeiro filho de Deus, todo o universo, e as criaturas em seu interior, o esperam, para entregar-se a você! Você só precisa ir a um lugar onde essa entrega possa acontecer. Eis algo que muitas pessoas jamais compreenderam:

VOCÊ JÁ É UM COM DEUS.

A separação de Deus não existe. Tudo se encontra no interior da mente infinita. A única separação de Deus existe em sua mente. Este é o único pecado no mundo. Enquanto você evolui rumo à filiação, começa a perceber que é incluído, não excluído.

Você é o capitão de sua alma

Seu mundo pode ser abalado em apenas um capítulo e meio? Bom, pois o que estou buscando fazer é abolir algumas das mais envenenadas idéias a circular pela igreja, nos dias presentes. Uma de minhas metas é auxiliá-lo a compreender que você é o capitão de sua alma:

> Não importa se estreita é a porta, se plena de dor é a passagem: sou o mestre de meu destino; sou o capitão de minha alma.[3]

Deus lança o caminho à sua frente e cria as leis pelas quais você pode seguir; deixa-o escolher por que estradas andará. Se ele agisse de outra forma, você poderia se transformar em marionete. Escolher é poder, e você tem de se arriscar a fazer a escolha errada para chegar a seu poder. Fazer escolhas, e arcar com as conseqüências, é a forma de realizar quem você é, enquanto ser. Até então há realização, não manifestação exterior dos objetos e eventos desejados.

A lei do espírito

No coração de tudo o que estamos falando encontra-se o espírito. O espírito é o capitão de sua alma, e não a personalidade. A personalidade é o que reside em seu intelecto, e seu intelecto pode levá-lo a questionar a vontade divina. Quando você age com o intelecto, vê a si mesmo separado de Deus. Quando age com o espírito, você é um com Deus. A lei do espírito é esta:

O ESPÍRITO BUSCA MANIFESTAR-SE
EXTERIORMENTE EM NOSSA REALIDADE, MAS SÓ O PODE
FAZER ATRAVÉS DO HOMEM.

A meta do espírito é sempre a auto-expressão, mas o espírito – inclusive Deus – não possui um *ser* físico, uma forma física, e assim não pode se manifestar por si mesmo. Deus é puro espírito; eis o motivo de ter acontecido a criação. O espírito sempre busca a auto-expressão através da manifestação. O espírito tem objetivos; não é imóvel. Mas a

---

[3] William Ernest Henley (23.8.1849 Gloucester/11.7.1903 Woking, Inglaterra), *Invictus* (1875). (N. do T.)

única forma de o espírito manifestar-se é através de nós! O espírito move-se adiante e possui um futuro, mas para manifestar-se precisa fazê-lo em seres evoluídos – em mim, em você. Isso significa que o objetivo humano é ser o vaso para o espírito. Eis uma realidade maravilhosa e uma enorme responsabilidade, algo que você deve considerar com muita atenção. O fato é: só o homem pode levar adiante a criação. Só o homem, trabalhando em espírito, sabe o que fazer com a criação. Aqui, a diferença entre ser e evoluir ganha destaque. Enquanto o espírito não possui ser físico, pelo qual possa exprimir a si mesmo, é um ser inerte, acorrentado. Mas quando passa a um vaso vivo e voluntário – um homem, ou uma mulher, sujeito à vontade divina e sintonizado na voz divina –, o espírito passa além do ser e alcança o evoluir. Quando compreendemos que nós e nosso pai somos um, também passamos do ser ao devir. O espírito *devém* através de nós.

Também o inverso é verdadeiro. Todas as coisas aspiram ao devir, mas, para fazê-lo, elas precisam devir espírito. Até que você devenha espírito e afirme seu "Eu sou" a todos, você é apenas ser. É estático, imóvel, na estrutura do plano divino. Mas quando você devém espírito, você começa a devir. Você evolui, move-se adiante, cria e começa a atrair as boas coisas que Deus já colocou em seu futuro: dinheiro, sucesso, reconhecimento.

Você é um espírito falante

A verdade devém mais surpreendente quando você percebe: quando você leva sua mente a um lugar de paz e quietude, Deus fala a você. Bem, o espírito só pode falar ao espírito. Assim, você já deve ser um espírito! De fato, é exatamente o que você é:

VOCÊ É UM ESPÍRITO FALANTE,
EM PASSAGEM DO SER AO DEVIR.

Amém! Você é um espírito falante respondendo a Deus. O Senhor o criou à sua imagem e semelhança; se Deus é espírito, o homem também. Seu corpo é precisamente um vaso para o espírito passar do ser ao devir. É um instrumento para o espírito, permitindo à mente, à personalidade e ao corpo darem forma ao espírito e o levarem ao estado do devir. Você é um ser luminoso, e sua existência transcende esse temporário manto de carne que o veste.

Tal espírito encontra-se sempre presente em você, como fonte de poder criativo e titânico para provocar mudanças, esperando para ser descoberto. E isso desde que você nasceu. No momento de seu nascimento, com o espírito encarnado em você, longitude e latitude vieram juntas a um tempo no céu e a um espaço na Terra. Nesse momento, o espírito, habitando-o, moveu-se do ser ao devir. Então se iniciaram a jornada do espírito e a sua jornada. Você sempre se encontra em movimento relativo para manifestar-se como espírito, rumo a ele, ou para além dele.

Tudo é espírito

"O espírito é o elemento invisível que alicerça todas as coisas neste plano físico."

Os antigos alquimistas disseram que o mundo foi criado com quatro elementos essenciais – ar, água, terra, fogo –, com um elemento invisível, o éter, presente para unir todas as coisas. Estavam mais certos do que pensavam: o espírito é o elemento invisível que alicerça todas as coisas, neste plano físico. Quando você toca um objeto sólido, não está tocando matéria sólida, mas a carga elétrica no espaço vazio, entre os elétrons; da mesma forma, quando você experimenta algo neste mundo, está experimentando o espírito.

Como isto é possível? Pense no fato de que nada existe, até que primeiro seja criado na mente divina, ou humana. O espírito é essa mente criativa, agindo para criar sem reservas a imagem nele presente. Sua mente sempre se encontra agindo para criar. Está sempre dando à luz um ato criativo. Sua mente é criação em manifestação.

Ser ou pensar manifestam objetivamente um universo invisível, dado à luz a partir do invisível, do pensamento à forma. Você está sempre se movendo do pensamento à forma. A palavra é criação, e o espírito está sempre se movendo para encontrar uma forma, um vaso onde manifeste a si mesmo. O vaso é você, manifestando a palavra, o divino poder de criação. A palavra existe antes do tempo, e o pensamento leva o tempo ao ser. Do mesmo modo, você se move da palavra à forma através do espírito. Você precisa pensar como um milionário – falar a linguagem da riqueza – antes de poder juntar um milhão de dólares. Tudo principia com o verbo e termina em forma. No princípio, você era o pensamento de seus pais, e terminou ganhando forma. Expressemos esta idéia complexa de modo mais simples:

DEUS = PALAVRA = ESPÍRITO = PENSAMENTO = CRIAÇÃO = MANIFESTAÇÃO.

Quando digo tudo em espírito, quero dizer tudo. Tudo o que você come, toca, vê, ouve ou veste é espírito. O espírito é a idéia e a energia da criação que formou tudo neste mundo e formará tudo o que há de vir. Se algo ainda não existe em forma, existe em espírito, se você já o pensou! Este é o incrível poder do pensamento. Há infinitas formas de exprimir o espírito, mas só uma lembra a fonte: Deus, a mente infinita.

O dinheiro também é puro espírito. Na verdade, o dinheiro é a mais pura forma de espírito em ação. O dinheiro é, afinal, o poder de troca, intercâmbio, mudança, e eis por que o espírito se manifesta: para exprimir a si mesmo através da mudança. Diga-me: que mudança é possível sem dinheiro? Você a buscaria por muito tempo. Quando vemos mudança no mundo, estamos vendo o efeito do dinheiro. O dinheiro traz o pensamento à forma; é a ferramenta pela qual o espírito se manifesta no reino corporal.

A mais alta forma de dinheiro é "Eu sou". Quando você afirma "Eu sou dinheiro", você traz dinheiro a si mesmo. Você precisa ter a coragem de ir diante do trono e declarar que tudo é espírito, para colher neste reino. Quando puder fazê-lo, portas se abrirão. Você será capaz de doar sem pensar em recompensa e criará sem se preocupar com dinheiro. Agirá puramente em espírito, inspirado pela voz divina em seu interior. Manifestará o que mais deseja.

Eis por que as pessoas que realmente agem em espírito não são gananciosas. Quando você reconhece que tudo é espírito, seus negócios não são gananciosos. Quando você é ganancioso, quer dizer que é muito ocioso para manifestar algo. Você mais propriamente furtará. Mas quando o espírito o guia, você pode falar a qualquer um: "Tudo o que preciso, você não pode me dar", pois só o espírito vai ao encontro de suas necessidades. Você manifesta as coisas de que precisa. Isso é o que chamo de agarrar a prosperidade pela raiz, e, como gosto de falar:

QUANDO VOCÊ AGARRA PELA RAIZ,
APANHARÁ O FRUTO.

As vantagens de agir em espírito

Afinal, o favor de Deus só virá àqueles que abraçam o espírito e agem conforme a palavra que o espírito lhes dá. Situações e desafios podem levá-lo a esquecer por um momento que você é espírito. A vida se intromete e você pode sentir-se cheio de dúvida e agitação. Isso é normal, mas importa, neste caso, lembrar-se e afirmar quem (e o que) você é. Lembre-se de que você é "Eu sou". Se você recordar-se de ser espírito, mudará este mundo.

Há muitas outras vantagens de agir em espírito:
- Você conquista o poder de imaginar, construir e manifestar. Nenhuma outra criatura no universo possui esse poder divino. Deseja inventar uma nova espécie de motor para veículos? Imagine-o e faça-o! Deseja escrever músicas que moverão nações e criarão riquezas para você e sua família? Imagine-as e faça-as! Idéias fluem e criam riquezas. Vêm de Deus.
- Deus fala a você. O espírito só pode falar ao espírito; portanto, Deus precisa de alguém para ouvi-lo. Quando ele fala a você, está realmente falando a si mesmo!
- Você não se torna irado ou desencorajado. O espírito não sente aquelas emoções criadas pela tensão e ansiedade que o levam para longe de suas metas. O espírito apenas é. Quando você opera em espírito, não teme estar se movendo na direção errada, nem que as coisas desejadas deixem de vir a você. Quando o espírito o guia, é impossível NÃO alcançar os objetos desejados.
- Você devém uma forma-móvel. Quando Cristo deixou as pessoas da sinagoga iradas, elas o levaram à beira do penhasco, para lançá-lo à morte, mas ele passou entre elas e seguiu seu caminho[4]. Como o fez? Ele era espírito, capaz de passar atra-

[4] Lucas 4:28-30. (N. do T.)

vés das circunstâncias e não ser tocado por elas. Você virá a ser capaz de fazer isso. Sempre haverá alguém buscando lançá-lo do penhasco, claro, mas quando você compreende ser espírito, devém capaz de seguir seu próprio caminho, e ninguém poderá detê-lo.

Talvez o mais maravilhoso de tudo seja ser um com Deus. Você se torna deus. Você se torna um com a fonte de tudo.

Não se atormente com a ira das pessoas

Uma palavra final: quando você fala às pessoas que é espírito, muitas ficarão iradas. Mais: quando você começa a manifestar em sua vida as coisas e sucessos que elas cobiçam, elas se ressentem. Pessoas fúteis e mesquinhas sempre se ressentem com a boa sorte de outras. E aqueles que foram salvos, mas não compreendem as leis do pensamento e os métodos divinos, ressentem-se quando você ascende aos mais altos níveis de pensamento. Quando desafia a ignorância das pessoas, você desperta a ira.

Posso não surpreendê-lo ao dizer que, quando você segue a lei do espírito, a ira dos outros não importa. Os homens sempre o levarão para a beira do penhasco; você sempre precisa passar e seguir seu próprio caminho. Não se deixe apanhar pelo temor e pela ira deles. Você sempre será testado e terá de escolher entre o caminho deles ou o caminho divino. Inquietar-se é um lembrete de que o caminho divino é a única via para realizar seu potencial.

"Veja tudo o que você tem,
o potencial para manifestar-se neste mundo
repousa desde a Criação."

Estavam falando de você

Estas são idéias vastas com implicações cósmicas. Mas as leis se movem desde antes da criação. De fato, havia algo falado sobre você na criação, e talvez mesmo antes. Veja tudo o que você tem, o potencial para manifestar-se neste mundo repousa desde a criação. Você tem a liberdade de determinar a forma e a quantidade do que manifesta quando trabalha no espírito, mas Deus deu-lhe o potencial antes que o próprio tempo existisse. Eis por que precisamos de profetas – por intermédio deles podemos compreender o que se falava de nós no princípio. A realidade de Deus e do espírito transcende o que pensamos que sabemos sobre o tempo, o destino e o universo.

Uma vez que compreenda o Alfa, você pode compreender como mover-se ao Ômega. Uma vez que compreenda a jornada, você *devém* a jornada. Esta é uma estimulante, gratificante, transcendente via para viver e realizar a obra divina.

***

RESUMO

- O medo é uma emoção inútil.
- A mente age sob o impulso da mais forte sugestão que lhe é dada.
- Você é um com Deus.
- Você é o capitão de sua alma.
- Você é um espírito falante.
- O espírito só pode manifestar-se através do homem.
- O dinheiro é espírito.
- Quando você agarra pela raiz, apanhará o fruto.
- Quando você age no espírito, você devém uma forma-móvel.

CAPÍTULO 3

A LEI DA ATRAÇÃO

O ressentimento mata o insensato, e a inveja destrói o tolo.

Jó 5:2

As leis do pensamento estão sendo reveladas a você neste livro e em meus ensinamentos[5] por uma razão: fortalecê-lo para manifestar, em sua vida, a prosperidade de que Deus lhe falou. Quando você abraça este saber, boas coisas irão acontecer em sua vida. E a dura verdade é que, quando isso acontece, as pessoas sentem inveja de você por ter sido favorecido (não importa que o favor não seja imparcial), ter dinheiro e senso de objetivos claros. Essas pessoas vão desejar ter o que você tem e vão afirmar que exprimiram o espírito, através de si mesmas, da mesma forma como você o exprimiu.

Compreenda: inveja não é má. Deus não criou nada mau. Inveja é um sinal de que Deus se exprime através de você. O verdadeiro pecado é a carência, a cobiça, o desejo de outras pessoas de possuir o que você manifestou, e saber que elas não possuem, pois não permitiram a si mesmas ouvir a Deus e devir "Eu sou". Considere a inveja como um cumprimento, pois significa que elas vêem o que você mesmo não pode ver: Deus em seu interior.

---

[5] www.bishopjordan.com. (N. do T.)

"Deus pensa ser eu!"

Você tem um objetivo na Terra. Quando as pessoas perguntam se há sentido na vida, você pode responder: "Sim, e sei qual é". Cabeças irão volver-se e as pessoas irão se inclinar para ouvir o que você tem a dizer. Quando o fizerem, diga-lhes: "O sentido da vida é manifestar o bom trabalho de Deus no reino físico". Diga-lhes que seu objetivo é manifestar esta verdade: "Eu sou deus". Algumas pessoas não vão compreender, mas é um problema delas. Você não tem tempo de explicar: tem manifestações a realizar!

Aprendi muito sobre minha fé e sobre as palavras divinas ao lado do grande reverendo Ike[6], que era e é, como carismático, um homem insubstituível à frente de uma igreja. O reverendo compreendeu o paradoxo de o homem ser deus.

Certa vez, um paroquiano, desapontado com o que via como o infinito ego do reverendo, disse: "O reverendo Ike pensa ser Deus!" E ele voltou-se e exclamou: "Não! Deus pensa ser eu!"

Eis uma ótima resposta, mas também uma mensagem perfeita. A idéia de que há alguma separação entre você e Deus é claramente falsa. Você é a expressão de Deus. Ele não pode existir neste plano sem você. Eis por que você foi criado. Bem como o filho é a expressão do pai, você é a expressão de Deus. Você é o mesmo, o igual, o idêntico.

Quando a palavra positiva tem de estar presente o tempo todo

Você é o missionário divino neste mundo. Se encontrar alguém clamando ser o mensageiro ou o missionário de Deus, surpreenda-o e diga: "Verdade? Eu também!" Pois isso é o que você é: o Correio, o Sedex de Deus neste plano corpóreo. Você é o envelope que transporta a vontade dele e a exprime no mundo. E a maravilha é que você não precisa ser deus o tempo todo! Você pode descansar – trabalhar apenas no horário de Deus.

"Sua palavra determina seu dia, quem é você, onde está e a que está ligado."

---

[6] Frederick Eikerenkoetter, orientador do autor. (N. do T.)

O envelope que você transporta? – É a palavra divina, na forma de suas próprias palavras. Lembre-se, quando você afirma sua herança "Eu sou", torna-se co-igual a Deus, e sua palavra conquista o poder do espírito. Sua palavra determina seu dia, quem é você, onde está e a que está ligado. A palavra é poder para formar a realidade; assim, você nunca deve pensar ou falar o desnecessário para vir a ser. Experimente o poder da palavra com extremo cuidado. Ela é, ao mesmo tempo, uma arma perigosa e um caça-níquel a pagar em prestações. Quando você nomeia algo, dá-lhe uma natureza. Quando fala algo, ele toma a forma da fala. A realidade da coisa reflete a sua perspectiva pessoal. O verbo se faz carne, para você. Quando Deus criou o universo, primeiro o imaginou em sua mente; só mais tarde, quando Deus falou, o universo se fez carne[7].

Compre o que você deseja pagando com a atenção

Chegamos a este capítulo já informados sobre o poder do espírito para levar-nos a abraçar nossa unidade com Deus, e sobre tornar-se um ser com a capacidade de criar como Deus. Agora, é tempo de falar sobre as forças que atraem o que pensamos à nossa realidade física.

Como disse antes, Deus é ligado às leis que criou para governar tanto o reino espiritual, quanto nosso reino material. Segundo uma dessas leis, você não pode obter algo do nada; você sempre precisa pagar pelo que recebe. Por esta lógica, se você quer manifestar o dinheiro, a oportunidade e a felicidade que deseja na vida, precisa dar algo em troca, fazer um depósito no banco do universo. Se você for a um banco e tentar fazer um saque sem ter feito um depósito, melhor ir mascarado: isso se chama roubo, e você será preso. Você precisa pagar para participar, e a única moeda aceita no universo é a palavra do espírito. O dinheiro deste mundo não é bom.

O que você precisa pagar para começar a manifestar boas coisas em sua vida? Precisa pagar um preço chamado *atenção*. Eis de onde vem a expressão "prestar atenção"[8]. Aqui há uma verdade crucial para aprender e relembrar:

---

[7] João 1:1-14. (N. do T.)
[8] Em inglês, "pay attention": "pagar atenção". (N. do T.)

A CHAVE PARA A MANIFESTAÇÃO É CONCENTRAR A SUA ATENÇÃO, PODEROSA E PERSISTENTEMENTE, NO QUE VOCÊ DESEJA.

Quando você concentra a atenção em um objeto, enviando sua energia e seu foco ao reino espiritual, você começa a aproximá-lo de si. Começa a tornar seus pensamentos manifestos. Você intensifica sua percepção e amplia sua capacidade de ser, fazer e ter. A atenção concentrada, que não enfraquece nem oscila, envia um constante fluxo de energia criadora para o futuro, afirmando "Eu sou" ao que você deseja transformar em ser palpável. A atenção é o magnetismo que atrai tudo o que você deseja!

Pode-se ver, mais uma vez, como é importante o fato de que, para ser uma pessoa bem-sucedida – um "favor-ito" –, você precisa aprender a dominar a mente e banir os pensamentos de temor, dúvida e negatividade. Imagine se, em um momento de fraqueza, você permitir-se concentrar-se em algo que poderia trazer ruína a si, ou às suas atividades – a idéia de roubo, o temor da enfermidade, o risco de uma iniciativa ousada, da qual você estava seguro. Quem sabe que resultado você pode atrair para si? Pode ser nenhum, pode ser desastroso. Assim, vemos que se tornar "Eu sou" significa trabalhar a mente por meio de persistentes treinamentos!

A persistência é tudo

Ele dará vida eterna aos que, persistindo em fazer o bem, buscam glória, honra e imortalidade.

ROMANOS 2:7

Não podemos deixar nossa discussão sobre a atenção sem falar da persistência e seu contrário, a distração. Empregar o poder da atenção para manifestar algo da melhor forma, leva-o à necessidade de aplicar a sua atenção com persistência. Você precisa permanecer focado durante todo o tempo, de forma a permitir ao espírito criar e conceber o que você visa em sua mente e lança em movimento com as palavras. Se você fala uma palavra e então move a mente e a atenção para algo além, sua visão não terá a chance de realizar a partir do incorpóreo. Persistência de pensamento, palavra e concentração têm toda a importância para você obter o que almeja... e fazer o que Deus deseja de você! A visão não o desapontará ou decepcionará. Sempre lhe falará a verdade e o deixará escolher o que fazer. Você não receberá sinais celestes dizendo-lhe para manter-se firme e forte em seu caminho; você precisa confiar em Deus para o fazer. Que prova de fé poderia haver se, ao encontrar o caminho certo para a prosperidade, mesmo não parecendo promissor, anjos descessem e dissessem: "Sim, você está certo!"? Todo tolo poderia ser profeta se as coisas fossem o que transparecem. Deus pede-lhe para confiar nele e em sua própria visão. Como uma mulher esperando um filho, toda visão precisa ter um período de expectativa. Ela cresce, forma e prepara. E não o decepcionará. Eis por que é chamada de *concepção*, e não de *decepção*. O período de gestação de toda idéia ou visão é crítico. Se você o interromper, irá exterminá-la. Interromperá a manifestação, e as coisas se dissolverão. Você precisa deixar a gestação continuar e o tempo determinado chegar.

A distração é o inimigo

Neste contexto, a distração também pode ser chamada *destruição*, pois o que o distrai de um simples foco em suas metas destruirá o progresso que o espírito faz, buscando trazer essas metas à existência material. Uma palavra fora de propósito, um pensamento vago ou a perda de atenção podem arruinar o que talvez tenha levado anos para ser feito. Por isso, depois que o anjo Gabriel disse a Zacarias:

Não tenha medo, Zacarias; sua oração foi ouvida. Isabel, sua mulher, lhe dará um filho, e você lhe dará o nome de João.

LUCAS 1:13

– sendo essa a criança que se tornaria João Batista, Deus deixou Zacarias mudo até que seu filho nascesse. Por quê? Porque Deus sabia que Zacarias duvidava de que realmente fosse verdade, e sua palavra de dúvida poderia abortar a gestação no ventre de sua mulher.

A distração que permite o vazamento da dúvida, ou desvia sua mente da atenção no que você está tentando manifestar, extermina a sua visão. Eis por que é tão importante planejar a sua vida de forma que, quando você está a caminho para construir o que Deus comanda, possa evitar coisas e pessoas com poder de levá-lo a outro rumo. Falaremos adiante, neste capítulo, sobre o que seus amigos vêm a ser para você. Um dos passos-chave a dar, ao seguir as leis do pensamento, é remover de sua vida os amigos que o distrairiam de suas metas.

Você pode estar concentrado em construir um negócio e tornar-se rico, e eles podem vir falar-lhe sobre conquistar mulheres, ou sair com velhos amigos que agora praticam crimes. É sua obrigação dizer "não" a essas distrações; é o que Deus espera de você. Afinal, ele já está no trabalho, manifestando o que você pediu! Em Gálatas 6:9, a *Nova Versão Internacional*[9] afirma: *E não nos cansemos de fazer o bem, pois no tempo próprio colheremos, se não desanimarmos.*

Toda visão tem seu tempo designado. O sucesso nunca acontece instantaneamente; ou se chamaria ganhar na loteria, e suas chances seriam uma em cem milhões. Em vez disso, seja persistente em seu foco, e exclua a distração de sua vida e seu tempo de colher chegará, *inevitavelmente*.

A lei da atração

Agora, a lei da atração se faz totalmente clara:

A ENERGIA QUE VEM DE SUA MENTE ATRAIRÁ
O QUE COM ELA SE HARMONIZA.

Seus pensamentos irão formar a sua situação, dirigir suas ações, determinar as oportunidades que existem em seu caminho, e utilizar os efeitos das coisas que você experimenta. Se você deseja mudar a sua situação, precisa mudar os seus pensamentos. Você precisa conhecer os segredos de agir – de magneticamente comunicar energia à ação, concentrando-se nos objetivos e abandonando as distrações.

Você conhece pessoas que são pensadores negativos e levam vidas irrealizadas, em desconforto material? Você conhece pessoas que espe-

---

[9] No original em inglês, *The King James Version*. (N. do T.)

ram pelo desastre, e assim são alcançadas pela desgraça? Há uma expressão comum: "profecia auto-realizada". Nela, há muita verdade que quase ninguém percebe.

A profecia é a interpretação da palavra divina. Esta palavra é realidade; é o espírito que realiza tudo que nos cerca bem como faz a nós mesmos. Assim, interpretar a palavra realmente significa interpretar a vida: seus acontecimentos, sinais e estágios. Um profeta traz bênçãos à sua vida, auxiliando-o a decifrar o significado, por trás da palavra, que é inerente a cada aspecto de sua vida e descobrindo o bem que Deus fala a você nessa palavra.

Mas quando lhe falta a perspectiva de um profeta (e, sejamos honestos, é muito mais fácil para outrem interpretar os eventos de sua vida, com a perspectiva imparcial de um estranho), é fácil perder as bênçãos e graças divinas e encerrar-se em atitude negativa.

VOCÊ SE TORNA UM "PROFETA ACIDENTAL",
SEM A PERCEPÇÃO PARA VER O BEM EM SEU CAMINHO,
E SUA VIDA ESPELHA A FALTA E A CARÊNCIA
QUE EXISTEM EM SUA MENTE.

Todos somos profetas que recebem a palavra divina, mas muito poucos podem compreender os múltiplos níveis de significado que a palavra encerra. Eis por que é vital disciplinar a sua mente, concentrar-se no que se move para cima, e afirmar confiante "Eu sou".

"Pense em prosperidade e você atrairá pessoas prósperas..."

O que seus amigos falam de você?

"Pássaros da mesma plumagem aninham-se juntos." Já ouviu esta expressão? Já viu em um refeitório escolar, os espertos sentados com os espertos, os sérios com os sérios, os turbulentos com os turbulentos? O semelhante atrai o semelhante, e seus pensamentos atraem os tipos de pessoas que levam à realização dos pensamentos que você tem. Pense em prosperidade e você atrairá pessoas prósperas; pense em pobreza e atrairá pessoas pobres em espírito, bem como pobres em dinheiro.

AS LEIS DO PENSAMENTO

Se você observar os verdadeiros bem-sucedidos, perceberá algo: eles atraem uma alta qualidade de pessoas. Quando têm um novo projeto no trabalho, as pessoas de qualidade parecem extrair, a partir do nada, habilidades e recursos que podem ajudar a levar adiante o projeto, com integridade e honra para manter as suas promessas. Isso acontece porque as pessoas bem-sucedidas disciplinaram a sua mente para projetar pensamentos de confiança, possibilidade, riqueza e satisfação. Esses pensamentos são como ímãs a atrair pessoas de qualidade.

Os amigos são uma profecia do que você está se tornando. Se conversa com milionários, está a caminho de tornar-se um. Quando você desejar mudar a vida, faça novos amigos. Associe-se com pessoas possuidoras do que você deseja ter e que já são o que você deseja ser. Tais pessoas servirão à sua natureza divina de várias formas:

- Serão portas para outras pessoas que podem favorecer a sua causa.
- Ensinar-lhe-ão o que sabem sobre sucesso, como criar um negócio, uma rede e miríades de outros talentos.
- Delas, você apanhará a semente de otimismo, confiança e capacidade de formar novas idéias.

As pessoas de qualidade tornam-se as "portadoras" que o "contaminam" ao lembrar-lhe a riqueza e a prosperidade. Quando me associo com você, o que há em você me contamina. E eu o espelho. Nessa via, seus associados formam seu futuro.

"Pessoas de qualidade atraem novas pessoas de qualidade."

Outros vão julgá-lo pelas pessoas com quem você é visto. Pessoas de qualidade atraem novas pessoas de qualidade. Afinal, se um milionário ocupado gasta seu tempo precioso conversando com você, deve ter valor conversar com você!

O coro todo é acorrentado

Toda lei de Deus tem um lado oposto, evidentemente. Se andar com pessoas de pouco caráter, você se associará a elas. Seus pensamentos começarão a espelhar os pensamentos delas. Lembre-se: os pensamentos e as palavras das pessoas são contagiosos; elas podem infectá-lo com o vírus do sucesso, bem como do fracasso.

Associar-se com pessoas de baixa qualidade o tornará vinculado a elas. Na execução das leis, pessoas que não têm nada a ver com um crime podem ser flagradas e presas ao lado dos culpados. Elas estavam "em concerto". Eram cúmplices. Os policiais não querem prender só o solista, mas o coro todo! Você é as pessoas com quem conversa. Primeiro é preciso mudar de amigos, para em seguida mudar a vida. Se isso exigir ser brutal, seja brutal.

E também não compartilhe seu pensamento secreto com poderes inferiores, com pessoas que não são profetas. Só o compartilhe com o poder do alto. Outros não compreenderiam.

Deus vive em movimento: sente-se e observe

Deus não vai argumentar com você; você não encontrará controvérsia nele sobre como está representando sua palavra e exprimindo o espírito neste mundo. Deus não está interessado em debater com você, mas em ensiná-lo; ele fala e se afasta, para ver o que você fará. Dessa forma, ele é verdadeiramente um pai; como todos os pais devem fazer, ele transmite suas lições e então se afasta, para ver o que acontecerá. Ele sabe, como todos os pais sábios, que o melhor professor é o erro e a luta, pois só eles levam à autodescoberta. Não há certo ou errado, só há o que serve ao espírito e o que serve à carne.

É sem dúvida irônico, dado o debate entre as pessoas favoráveis à criação ou à evolução, mas Deus é realmente darwiniano. Acredita na sobrevivência dos espiritualmente mais bem adaptados. Deus dá a você conforme a sua fé. Se você se sente saudável, rico e sábio, o poder do alto lhe concederá essas coisas que você sente. Se você, porventura, sente-se morto, então estará morto em espírito, até que possa ver de outra forma. O poder do alto não é ansioso. O que você pedir em espírito lhe será concedido.

Cuidado com o que pede. Quem se mantém pedindo, recebe. Quem se mantém buscando, encontra. Para quem se mantém batendo, a porta será aberta.

O que você receber não terá forma

De tempos em tempos, todos nós temos pensamentos negativos; essa é uma parte inevitável do ser humano. Isso significa que um pensamento errôneo trará desastres, ou consequências terríveis, à sua vida? Não. Deus não trabalha desse modo. Lembre-se, tudo é espírito; assim, quando Deus manifesta algo, manifesta-o como espírito. A única maneira de a manifestação se tornar carnal é por intermédio do homem. Tudo o que Deus cria é sempre sem forma. Quando ele traz algo à sua vida, no princípio o traz sem forma, como um pensamento na mente divina, ou em sua própria mente, quando você se encontra na consciência do "Eu sou". Assim era antes do tempo, na criação: desde o dia em que criou o homem, Deus o manteve em sua mente, e permaneceu a criá-lo. Se algo não é formado em carne, pode ser formado em imaginação.

O que isso significa? Você precisa manter a boa coisa em sua mente, e não deixando-a dissolver-se, até o tempo certo para ela configurar-se. Com a lei da atração, você chamará para si coisas e pessoas que farão a idéia em sua mente manifestar-se na realidade. Por sinal, se pensamentos inférteis deslizarem por sua consciência ocasionalmente, não precisa se preocupar – bem como não precisa permanecer encerrado nesses pensamentos. Se você não os transformar em hábitos, não manifestará suas conseqüências negativas. É o pensamento persistente, concentrado, que move as rodas invisíveis do espírito a levar novos efeitos à vida.

Esse cheque é inegociável

A moeda que paga pelas graças que se manifestam a você é a sua atenção. O que acontece quando Deus volta a atenção para sua vida? Você recebe um cheque de Deus, um cheque inegociável, irmão. Quando Deus lhe dá uma profecia, você precisa mantê-la em sua mente até estar pronto para pensá-la, dando-lhe forma. Você não pode negociá-la; só pode determinar o que esse cheque comprará. Mas algo acontecerá em sua vida, e você precisa utilizar a percepção e o espírito para dar-lhe forma.

Pense nisso:

O QUE VOCÊ CRIARÁ FLUI ATRAVÉS DE SUA MENTE,
E JÁ ESTÁ CRIADO.

Deus já o criou em sua mente e imaginação, e tudo que ele precisa é que você esteja pronto para ele manifestar-se. Você o fará com concentração e atenção, para o bem ou para o mal. Uma palavra profética é o asno, ou o cavalo selvagem que homem algum jamais montou. Pode ser desconfortável, mas você precisa permanecer montado, até estar pronto para imaginar essa profecia na existência real. Ou cairá do cavalo.

Para realizar as coisas que Deus lhe ordenou, você sempre precisa semear no interior, assim como semeia no exterior. Se não for ao interior, permanecerá fora! Enquanto você está trabalhando neste mundo para levar suas idéias e sonhos ao real, sempre está trabalhando também no mundo do espírito para obedecer à palavra divina e exprimi-la. Aja mantendo a imagem do que deseja na mente, sem cessar, até que ela venha a ser, manifeste-se, torne-se ser. Isto é prece incessante, experimentando Deus ser deus em você.

A verdade é mais do que algumas pessoas podem ver, e precisamente o que outras estavam esperando. A verdade sobre a prosperidade é: o que você precisa e deseja repousa em seu interior, adormecido, esperando que você o desperte. *Pobreza é riqueza adormecida.* Dorme em seu interior. É impossível o bem deixá-lo na mão. Ele está pronto para servi-lo, quando seu coração, mente e espírito souberem que você ama o que afirma amar.

* * *

RESUMO

- Seu objetivo é manifestar o bem de Deus.
- Quando você nomeia algo, dá-lhe uma natureza.
- A atenção concentrada é a moeda que compra o que você deseja.
- Seus pensamentos irão atrair coisas e pessoas desejadas.
- Todos nós somos profetas, mas a muitos falta a arte de compreender o que vêem.
- Seus amigos revelam quem você é e para onde vai.
- Deus não argumenta nem debate com você.
- As coisas que vêm à sua vida no princípio não têm forma.
- O cheque divino é inegociável.

CAPÍTULO 4

A LEI DA PAIXÃO

É vital permanecer em fluxo, em movimento, rumo ao que você deseja manifestar. As distrações presentes impedem a chegada das atrações. Se você sair de seu caminho e assumir o drama de outra pessoa, pode perder o grande evento que estava buscando realizar. Portanto, precisa tomar muito cuidado e associar-se apenas a pessoas que trazem energias positivas, idéias, encorajamento e integridade à sua vida – pessoas que caminham para cima, como você, rumo a Deus e a um eu maior. Quanto é exaustivo para você assumir o drama de outra pessoa? Quanto tempo de sua vida você perdeu ouvindo histórias tristes de outras pessoas, quando o que realmente queria fazer era dar-lhe um inesperado pontapé no traseiro e dizer-lhe para crescer e criar as próprias oportunidades? Pessoas não esclarecidas nem iluminadas não compreendem o que significa ouvir Deus e agir com a coragem e o senso de missão que levam o espírito ao ser, e sugam as energias de quem lhes dá ouvidos. Tornam-se vampiros ao redor de seu pescoço, como no grande poema de Samuel Taylor Coleridge, "A rima do velho marinheiro". Distancie-se dessas pessoas, pois elas são a pior forma de distração; podem levá-lo à órbita delas e devastar o seu tempo. Essas pessoas são buracos negros.

OBRA = Ocupação Bizarra de Rapazes Arruinados[10]

Neste capítulo, vamos falar vastamente sobre seguir sua paixão e encontrar seu sentido, seu senso de objetivo, mas antes precisamos

---

[10] No original em inglês, *JOB* = *Just Over Broke*. (N. do T.)

focalizar alguns dos fatores que nos limitam e impedem-nos de fazer as coisas de que somos capazes. Em suma, estamos falando de dinheiro, e de sua percepção do dinheiro.

Quando as pessoas consideram o dinheiro, o que habitualmente percebem é a *escassez* – a falta de dinheiro. Sua preocupação ao fazer algo é: "O que isto vai me custar?" – quando deveria ser: "O que vou fazer com isto?". Já estão pensando em perder dinheiro, e, como vimos, seus pensamentos formam as conseqüências, e se você busca manter algo, perde-o. Quando sua principal preocupação é conservar o dinheiro, em vez de deixá-lo em movimento, a bailar e trabalhar para você, já garantiu a sua derrota.

Pergunte a si mesmo: quantas pessoas você conhece que falaram em começar seus próprios negócios, de uma padaria a uma empresa na internet? E quantas pessoas você conhece que falaram sobre algo semelhante durante anos, mas nunca o fizeram? Depois de um momento, você é tentado a falar: "Que algumas o façam, ou parem de falar sobre isso!" No fundo, essas pessoas sabem a verdade sobre dinheiro e prosperidade: você nunca se torna rico trabalhando em um emprego, em uma obra. Só se torna rico quando cria algo – quando se livra das correntes que o prendem à obra e lhe roubam o controle de seus ganhos potenciais.

Estar envolvido em obras dá a outro o controle de seu poder para criar. O dinheiro é o poder criativo de Deus, tornado manifesto; jamais deixe alguém falar-lhe algo diferente. Não há contradição entre Deus e o dinheiro. O dinheiro é deus. Empregado, em obras, você pode ser pago com modéstia, que também pode se chamar "moléstia"[11]. Trabalhar na obra durante uma eternidade torna-se uma enfermidade que o salário da semana dissemina. Seu salário pode ser o pão de cada dia, não o dinheiro que outra pessoa decidiu ser seu valor! Deixe-me contar-lhe:

DEUS JÁ DECIDIU QUAL É O SEU VALOR.

Por que você daria a alguém o controle sobre o que pode realizar? Os que falam em começar um negócio, mas nunca o fazem, têm algo em comum: o medo. Temem falir, portanto nunca começam. O medo

---

[11] No original em inglês: *At a job, you might get paid by the week, but it can also be spelled "weak." If you're basing your pay on a week's salary, you are a weak person.* (N. do T.)

é apenas outra forma de falar que você não confia em Deus o bastante para erguer a cabeça e enfrentar o risco. Um emprego nada mais é que andar em círculos, como o trabalho de Sísifo: você começa a trabalhar, come um lanche, volta a trabalhar etc. Isso é uma prisão. Você não pode ser um empresário, a menos que possua a disciplina para lidar com negócios ou dinheiro, e nunca aprenderá a fazê-lo antes de deixar a segurança de um emprego. Acobertar-se na falsa segurança de um emprego significa que você se limita ao que o salário lhe permite fazer. Eis o lado oculto da palavra *permissão*: é o que seu dinheiro lhe permite fazer. Em vez de usar a moeda de seu espírito, você se limita a só ver o papel-moeda que tem diante de si. Seu dinheiro poderá não ter o poder de permitir-lhe fazer nada! Aprenda e relembre esta verdade:

VOCÊ SÓ TRABALHA PARA ENRIQUECER SEUS PATRÕES.

Deus quer que você tenha um iate

As pessoas pensam erroneamente: Deus deseja que seus verdadeiros seguidores vivam em pobreza, como se houvesse alguma virtude na pobreza. Nada mais distante da verdade. A Bíblia não fala que o dinheiro é um mal; fala que o *amor* ao dinheiro é a raiz de todos os males. Se você cria sua riqueza através do sistema de Deus e manifesta coisas que servem a ele, e também cria prosperidade para outros, você está agindo exatamente como ele deseja.

"Dinheiro não é tudo; a liberdade é."

Deus deseja que você tenha, acima de todas as outras coisas, a *liberdade*: a liberdade de agir para exprimir o que o espírito deseja afirmar através de você, a liberdade de seguir as suas paixões até as suas conclusões, e a liberdade de criar uma vida de alegria, diversão, plenitude e retribuição aos outros. Dinheiro não é tudo; a liberdade é. Mas você não pode ser livre sem dinheiro. Mesmo as pessoas que afirmaram renunciar completamente às posses materiais, e foram viver em uma cabana na floresta para meditar, não são livres, pois dedicam muito tempo à simples sobrevivência. Podem ter uma existência que as torna plenas, mas nunca terão uma existência que torna Deus pleno.

Deus o quer para *produzir*. Deus o quer para prosperar dentro de seu sistema. Deus quer que você tenha um iate, um carro de luxo e uma casa fantástica, pois quando você tem essas coisas, tem dinheiro bastante para provocar mudanças no mundo. Veja Bill Gates. É o homem mais rico do mundo, e um benefício disso é que, por intermédio de sua fundação, doou milhões de dólares para ajudar a acabar com o flagelo da aids na África. O que não seria possível se ele trabalhasse em uma loja de consertos de computadores em Seattle.

A liberdade é a liberdade de escolher ser rico, escolher o caminho que cria a prosperidade. A diferença entre os ricos e os pobres é que os ricos têm escolhas; os pobres, não. Os ricos fazem escolhas a cada hora de cada dia; os pobres não têm escolha.

Você está começando a pensar como um *empresário*, se está para ter real liberdade. Há três espécies de pessoas neste mundo:
1. Técnicos
2. Gerentes
3. Empresários

Os técnicos não são nada mais que trabalhadores especializados, seja o trabalho ceifar relva ou pilotar um avião. Os gerentes dirigem as ações dos técnicos, mas nada criam. Controlam as abelhas operárias, mas permanecem abelhas. Os empresários são os únicos que desenvolvem estratégias, criam companhias, encontram fundos, iniciam negócios, executam visões. Os empresários passam a vida assumindo riscos, que os tornam os favoritos de Deus. Lembre-se, ele se satisfaz quando as pessoas se arriscam, ousam o inédito e fazem as coisas acontecerem!

As pessoas de sucesso são empresárias. Você pode trabalhar sobre seus negócios, não em seus negócios. Se você é um empresário, não gerencie seus negócios. Se o fizer, será soterrado em detalhes. Os empresários contratam gerentes para manejar os detalhes cotidianos, e os gerentes contratam técnicos que fazem o trabalho que tornam os empresários ricos. Aos empresários cabe o principal – grandes idéias, vastas visões, dólares desmedidos, metas maciças. Eles constroem arranha-céus, ilhas, pontes e cidades. E você perceberá, mesmo se forem os técnicos a fazer o trabalho, que eles não determinam seu próprio valor. Deus pode saber o que eles valem. Mas:

DEUS NÃO LHE DARÁ O QUE VOCÊ VALE.
VOCÊ PRECISA PAGAR A SI MESMO.

Se você é um técnico, mesmo se for especializado e hábil, jamais pagará a si mesmo o que Deus sabe que você vale. Somente transformar-se em um empresário permite-lhe fazê-lo. Trabalhe sua mente, não suas mãos.

A paixão dá frutos

No cerne de cada um de nós, repousando profundamente em nosso espírito, algo chama. É algo que podemos fazer de graça, algo que podemos fazer desde as quatro da manhã, sem nos sentirmos cansados. É o que amamos – o que pretendemos fazer. Esta é a sua paixão. E quando trabalha em sua paixão, você canaliza seu poder do "Eu sou" diretamente a partir de Deus. Poucas pessoas têm sorte de viver a vida fazendo aquilo que adoram. Mas é porque a maioria não tenta. Pensávamos ser "práticos" quando poderíamos ser inspirados! Deixe-me compartilhar com você a lei da paixão:

SUA PAIXÃO CRIA A LIBERDADE
PARA REALIZAR A PROSPERIDADE.

Você precisa permanecer no centro de sua paixão. Precisa concentrar-se no que ama, não importa quanto seus negócios cresçam. Contrate pessoas para fazer o que seus negócios precisam para se desenvolver e crescer, mas permaneça em sua paixão. Empresários com freqüência cometem o erro de se tornar bem-sucedidos e de se atolar nos detalhes das operações cotidianas, em vez de passarem o tempo fazendo o que serve à sua paixão – e é a paixão que coloca os negócios de sucesso no primeiro lugar. Inventores precisam inventar; cozinheiros, cozinhar; músicos, musicar. A paixão é tudo.

Como você sabe se está no centro de sua paixão? Você saberá, pois sentirá a exaltação emanar ao manifestar precisamente o que Deus deseja que você manifeste. Deus é amor, e você foi criado com amor. Então, imagine o que você ama e crie uma vida ao redor dessa imagem em ação. Você ama cinema? Torne-se um crítico de filmes. Ama alimentos? Torne-se um chefe de cozinha e abra um restaurante.

Ama carros? Comece um negócio restaurando e vendendo automóveis antigos. Se você inicia com a sua paixão, não há respostas erradas.

A paixão extermina o trabalho

Concentrar-se em sua paixão também o liberta. Você não precisa cuidar dos detalhes e gerenciar. Quando tem dinheiro, não necessita forçar algo para fazer dinheiro; pode estar no centro de sua paixão e criar algo que reflita o espírito em seu interior. Quando você trabalha dentro de sua paixão, está livre do trabalho. Algo que o apaixona jamais é trabalho; é prazer. Se você o ama, pode vivê-lo por dezesseis horas diárias e jamais se cansar de sua atividade.

TRABALHE EM SUA PAIXÃO E JAMAIS
TRABALHARÁ UM DIA NA VIDA.

É excelente estar faminto, mas estar faminto em espírito, não em sua bolsa. O dinheiro torna-o livre, e a fome e a paixão tornam-no potente. Ouça sua paixão e seu espírito. Não ouça as pessoas que desejam lhe falar sobre o que você não pode fazer. Não sinta medo. Sua paixão gera frutos. Se você não sabe qual é a sua paixão, pergunte-se: De onde venho? Por que estou aqui? Para onde vou? Quem sou eu?.

A diferença entre paixão e objetivo

Falei muito sobre objetivo, neste livro. Deus tem seu objetivo em você e deseja que você tenha um alvo – ou mais de um alvo – para sua vida e para as coisas que manifesta na vida. O objetivo dá à vida rumo, significado e ímpeto. Entretanto, o objetivo não pode ser o ponto de partida em sua vida. Eis a diferença entre paixão e objetivo.

*"O objetivo sem paixão torna-se
pouco mais que completar os passos
de uma lista de coisas a fazer..."*

Se você se contentar em ser um gerente ou um técnico, então o objetivo pode ser o ponto de partida. O objetivo sem paixão torna-se pouco mais que completar os passos de uma lista de coisas a fazer; ele lhe permitirá ser produtivo e manter um emprego, mas você será uma máquina, completando tarefas que traçou para si mesmo. Como vimos mais de uma vez, a criatividade é que produz riqueza e lucro. E a paixão produz energia criadora.

Se sua meta é ser um empresário e utilizar a criatividade para manifestar as coisas espirituais que agora se encontram invisíveis, precisa ter uma paixão como ponto de partida. Quando conhecer sua paixão, seu objetivo o encontrará. O objetivo sem paixão é vazio; a paixão sem objetivo é impossível. Memorize esta soma vital para guiá-lo e inspirá-lo:

PAIXÃO + OBJETIVO + AÇÃO = PROSPERIDADE.

Quando você tiver uma visão inspirada e apaixonada e um pensamento com objetivo, sentirá o poder de amar trabalhando no seu interior. Então começará a planejar, coordenar e agir com imensa energia, concedida a você por Deus. Então será conectado a uma fonte de poder eterno que você não pode ver e começará a dominar seu destino.

Você caiu na rotina?

É fácil cair em uma rotina de obrigações, em vez de perseguir o que se ama. Trabalhar é uma rotina. Pergunte a si mesmo: você é realmente obrigado? Se estiver em um emprego só pelo dinheiro, está em uma rotina. Mas quando se encontra apaixonado, você sabe: está fazendo algo, e se nele não houvesse dinheiro, você o faria da mesma forma.

Ninguém tem o poder de lhe permitir fazer qualquer coisa, de controlar o que você pode ou não pode fazer. Nem mesmo Deus comanda o que você tem de fazer. Ele pode apenas estabelecer-lhe as escolhas disponíveis. Você é verdadeiramente livre. Entra e permanece em uma rotina por escolher limitar as suas próprias escolhas.

Seja o que deseja ser em sua mente. Você não está buscando ser alguma coisa; você é essa coisa! Humildade extraviada é falta de autoconfiança. Seja o que você aspira a ser! Abrace seu objetivo, comece a dar-lhe forma e configuração, com vigor, objetividade, pensamento, visão e palavra. Leve o espírito sagrado à sua meta e preencha essa meta com o espírito, levando-a à manifestação física, material. É tempo de levar-se para além da prisão!

Não espere alguém dar-lhe a permissão de ser o que você é. Afirme o que você é. O poder de expor o que você é vem a ser tudo. Não espere pelo dinheiro para mostrá-lo; faça-o, e o dinheiro se manifestará. Coragem, visão e espírito atraem dinheiro, pessoas, paixão e energia. Declare o que você é e quem você é, e os manifestará.

Seja você mesmo e desvende seu poder divino

Você se encontra inspirado para tomar nas mãos as ações, quebrar a rotina e encontrar a paixão, à imagem e semelhança divinas, que arde em chamas em seu interior? Assim espero, pois parte do objetivo deste livro é despertá-lo para esta verdade: você é um ser extraordinário, com o potencial de vir a ser algo maior: um co-criador com Deus. Você não tem motivos para duvidar de seu valor ou de seu potencial; Deus não duvida das suas qualidades. Você só precisa aceitar a realidade de seu verdadeiro ser.

Provavelmente você não saiba que seu eu é deus. Agora está descobrindo o deus em seu interior enquanto lê este livro. Sua personalidade – o intelecto e os pensamentos que você imaginava serem seu verdadeiro ser – encontram-se com o espírito, que é seu verdadeiro ser. Você é uma criança divina, e Deus é seu pai. Você é deus, e Deus é uma alta versão de você. E adivinhe! Deus o encontra pela primeira vez como bem-estar. Você se torna real para ele quando se torna vivo em espírito. Encontrar Deus é encontrar-se a si mesmo.

Seu ego real é um ser espiritual. Se você sente como se não tivesse recebido as graças que outros receberam, é por não se permitir ser você mesmo. Outros receberam graças porque desenvolveram a visão para deixar de lado a personalidade e se abriram, a si mesmos, à sua natureza verdadeira: seres divinos, guiados por Deus. E isso lhes forneceu a chave para abrir e revelar seu próprio poder divino. Em você, o real cria a liberdade. Sua mente é espírito invisível, e seu corpo é espírito materializado. Você é espírito que possui uma experiência terrestre.

Você é um ato da vontade

Ah, qual a imensa dimensão disto? Bem, deixe-me soprar em sua mente algo ainda mais chocante:

VOCÊ É UM ATO DA VONTADE.

Você existe como um corpo de pensamentos materializados. Você se leva à existência real – à existência espiritual – por meio do poder de sua mente. Você é como o iogue: pessoas fotografam as imagens do iogue e de outros, e enquanto os outros aparecem nas imagens, o iogue não aparece. Perguntado sobre o fenômeno, o iogue disse ao fotógrafo que isso acontecia por ser ele, o iogue, puro espírito. Para o fotógrafo conseguir suas imagens, o iogue teve de posar, tornar-se imóvel, e assim veio a ser fotografado.

Você possui precisamente a mesma forma: é um ser espiritual, na morada de uma presença física. Você pode ser autoconsciente de situar-se como um deus, mas quando o compreende, torna-se plenamente consciente de seu poder. Tudo se eleva para encontrá-lo, quando você se ilumina como uma criança divina, como um filho de Deus. Você atrairá pessoas que também se encontram nesse estágio quando despertar para esse grau de consciência. Precisa tornar-se quem é, antes de poder atrair as pessoas que são como você. É então que você se torna a expressão do que deseja!

O prato quebrado

Até aqui, tantas coisas poderiam convencê-lo, mas não as dissemos. Quando você é capaz de vir a ser mentalmente o que é espiritualmente, coisas e pessoas começarão a mover-se para manifestar-se em sua vida. Entretanto, as manifestações não vão acontecer de repente. Você verá sinais. Deus age nos precursores: nos indicadores do que há por vir. Por duas razões: para ter certeza de que você continua a ter confiança total nele e em sua visão, e para lhe permitir preparar-se para a plena manifestação do espiritual no material. Muitas vezes, o sinal das coisas a vir será falho ou parecerá sem valor, mas uma das marcas de que você cresce em visão e percepção é poder reconhecer a coisa não como algo sem valor, mas como um signo do que significa para vir à sua vida.

É como a mulher que desejava uma nova baixela. Dias depois, alguém lhe deu um prato quebrado. Em vez de jogá-lo no lixo, tomou-o como um sinal de que seus pratos eram muito bons. Certamente, dias depois, alguém lhe deu uma bela baixela chinesa, desnecessária ao doador. Isso ilustra um princípio básico:

O APARECIMENTO DE UM "PRATO QUEBRADO" EM SUA VIDA ANUNCIA A CHEGADA DE ALGO MAIOR.

Pense nisto: a alga marinha leva os marinheiros a saberem que a terra está próxima, mas você pode não parar aqui, pois pode passar o tempo com pessoas que são pratos partidos, porque elas anunciam a abundância por vir. Um real é sinal de um mil, por vir. Você coloca pouco na mão de um mestre, e o pouco vem a ser plenitude. Os sinais acontecem; você os verá quando estiver a caminho. Continue caminhando e chegará velozmente às pessoas que se encontram em seu nível. Você encontrará pessoas, coisas e eventos a indicarem que está na senda certa. Olhe ao redor e verá os sinais. Um prato quebrado se tornará um jogo de chá e, finalmente, todo um jogo inteiro de louça chinesa.

Veja as novas pessoas que surgem em sua vida; elas são sinais do que há por vir. Celebre seus pratos quebrados; são sinais de que o bem está por vir.

* * *

RESUMO

- Você nunca se tornará rico trabalhando como empregado.
- Deus já conhece o seu valor, mas não lhe pode pagar.
- A coisa mais importante que o dinheiro compra é a liberdade.
- A paixão cria a prosperidade.
- Só os empresários criam.
- Você é um ser divino esperando chegar a seu eu.
- Você vive devido a um ato de sua própria vontade.
- Um prato quebrado é um sinal do bem por vir.

CAPÍTULO 5

A LEI DO COMPROMISSO

O poder da palavra é irrecusável. Deus imaginou a criação em sua mente; logo, levou-a a manifestar-se com uma palavra. Você tem a capacidade de fazer o mesmo – de fato, tem a *responsabilidade* de fazer isso como parte de seu papel como deus. Deus o busca para auxiliá-Lo a manifestar as suas idéias e visões neste plano material. E embora a palavra possa se exprimir através do pensamento e da escrita, a mais potente expressão é através da fala.

A língua é o mais poderoso meio de exprimir a palavra, pois é sempre útil para você – e, com a fala, você pode alcançar outras pessoas de forma mais fácil do que com a escrita. Pense: se alguém lê a sua palavra, ela primeiro precisou ser publicada de alguma forma, como um livro, ou na internet. Mas você não terá controle como irão ler a sua palavra; você não pode dar um livro a alguém, apontar-lhe uma arma e falar: "Leia!" Mas sua palavra falada pode alcançar as pessoas, em todo tempo e lugar. A língua pode comunicar a sua visão a uma pessoa, ou a dez mil pessoas, em qualquer tempo e espaço, e você sabe se elas experimentam a mensagem ou não.

A língua pode lançar chamas às nações

Pequena é a língua, mas ela pode transformar uma vida, uma comunidade, uma nação. Pense em Cristo falando a seus discípulos e, portanto, no que ele desenvolveu para os homens, como bem. Pense em Hitler falando aos alemães, e no que ele desenvolveu, como mal. A língua é a mais potente arma, para o bem ou para o mal, que jamais se viu.

O que você falar ativará a lei da atração[12], com intensidade maior que a de qualquer outra forma de comunicação. Lembre-se da lei da atração: o que você pensa ou fala atrairá a você objetos ou pessoas de acordo com seu pensar ou falar. E nada o faz mais que as idéias exprimidas através da palavra falada. Grandes oradores – como Martin Luther King – compreenderam perfeitamente esse poder da palavra; sabiam que suas palavras tinham o poder de inspirar e mover nações. Quando você se encontra presente em sua potência e abraça o espírito, suas palavras o tornam irresistível para quem é como você e pode auxiliá-lo.

As pessoas precisam permanecer em sua vida por livre vontade

Pensamentos de confiança, paixão, visão, coragem vão atrair outras pessoas. Você vai exprimir o espírito que atrai os outros. Mas a atração real não é simplesmente uma habilidade para atrair à sua vida pessoas que servem a seu objetivo: o principal é mantê-las. Quando uma pessoa vem à sua vida pela lei da atração, precisa manter-se por sua livre vontade. A expectativa de Deus é que os homens e mulheres mantenham a integridade por seu ser, e não por cedê-la a outrem. Quando você busca possuir alguém e o prende, viola essa integridade. Esta é uma regra básica das leis do pensamento:

SE ALGUÉM NÃO PERMANECER EM SUA VIDA
POR LIVRE VONTADE, NÃO VEM DE DEUS.

Lembre-se, Deus só deseja trazer à sua vida pessoas que irão auxiliá-lo. Quem não permanece não é inspirado por sua visão e motivado pelo poder do espírito em seu interior. E se não compreende a qualidade do "Eu sou" em você, não auxiliará as suas metas. Só quando você permite a liberdade à vontade, mantém as pessoas que deseja em sua vida.

---

[12] Capítulo 3, "A lei da atração". (N. do T.)

O poder de um compromisso

Segundo um velho provérbio, "Deus adora fazer um homem romper um compromisso", um voto, uma promessa. O orgulho é um pecado, segundo as referências de idéias teimosas, mas não é verdade. Deus ama um homem que *mantém* seu compromisso, seu voto, sua promessa. Compreender as dimensões de um compromisso e seu significado é uma das mais importantes coisas que você precisa compreender, se caminha rumo ao domínio das leis e de manifestar tudo o que Deus possui acumulado em estoque.

Um compromisso é um comando do que você deseja manifestar em sua vida. É um contrato, uma troca condicional com Deus: "Se você fizer isto por mim, farei isso por você". Segundo o dicionário, um compromisso, um voto, é "uma promessa séria de agir de determinada maneira, especialmente uma solene promessa de viver e agir segundo as regras de uma ordem religiosa". É uma garantia de vir a fazer o que disse que viria a fazer.

Antes de tudo, vamos reconhecer que é difícil encontrar alguma pessoa que mantenha um compromisso. Nossa sociedade é encoberta por promessas quebradas. É muito fácil fazer uma promessa, assumir um compromisso, mas parece igualmente fácil violá-lo. Muitas pessoas parecem não compreender o que vem a ser um compromisso:

> SEU COMPROMISSO É A SUA
> CARTEIRA DE IDENTIDADE ESPIRITUAL.

Pense sobre isto. Quando você está nu, sem as identidades que a sociedade humana lhe dá – carteira de motorista, passaporte, carteira profissional, currículo, referências de conhecidos, e mesmo seu nome – o que lhe resta? O que pode contar a outrem sobre quem é você? Você não tem nada, salvo uma pergunta: – Você faz o que afirma que fará? Você mantém seus compromissos? *Você é seus compromissos.* Não há outra moeda neste mundo que você possa gastar com seus companheiros.

Seu compromisso abre as comportas

Um compromisso é a chave para a caixa-forte que mantém a intenção divina a manifestar bens em sua vida. Jacó o compreendeu e, portanto fez um voto, criou um compromisso com Deus:

> Se Deus estiver comigo, cuidar de mim nesta viagem que estou fazendo, prover-me de comida e roupa, e levar-me de volta em segurança à casa de meu pai, então o SENHOR será o meu Deus. E esta pedra que hoje coloquei como coluna servirá de santuário de Deus; e de tudo o que me deres certamente te darei o dízimo.
>
> GÊNESIS 28 : 20-22

Jacó criou um cenário de forma que pôde vir a transformar o seu rebanho. Transformou seu futuro e sua sorte com um compromisso. Quando você se encontra em um lugar difícil, ele vem a ser a sua estação para criar um compromisso, o que torna seu lugar ainda mais difícil, pois é preciso agarrar uma pedra imensa para partir a pedra que o aprisiona. Comprometer-se freqüentemente traz-lhe tempos árduos, pois é a única forma de motivá-lo a agir para proteger sua liberdade e permitir à intenção divina mover a sua vida.

> *"Quando você assumir o compromisso,*
> *Deus começará a falar.*
> *O compromisso é moeda corrente."*

Mas o compromisso também abre as comportas do dique e imediatamente leva Deus a trabalhar, começando a manifestar o que você deseja em sua vida. Quando você assumir o compromisso, Deus começará a falar. O compromisso é corrente. Circula como moeda e coloca pressão em seu pacto. Você pede a si mesmo e, portanto, pede a Deus, o que coloca Deus à sua frente. Quando você faz um pacto, Deus silencia os seus inimigos. Ele alavanca seu contrato.

Quando você afirma a promessa, o voto, o compromisso, Deus não espera pelo pagamento. Arregaça as mangas e começa a trabalhar em espírito, para criar as pessoas e as coisas que servem a você, a seu objetivo, e as situa na linha de tempo que as manifesta em sua futura experiência física – algumas em dias, outras em meses, outras em décadas. Mas elas estão chegando. Esta é a lei do compromisso:

QUANDO VOCÊ ASSUME UM COMPROMISSO,
DEUS COMEÇA IMEDIATAMENTE A AGIR EM SEU INTERESSE.

Mantenha seu compromisso, seja sincero e constante com seu objetivo, e riquezas sem limites e oportunidades se manifestarão em sua vida.

Quebre seu compromisso e experimentará a ira divina

Ah, sim, há outro lado no contrato do compromisso que você assina com o onipotente. Deixe-me exprimi-lo desta forma: você faz um acordo com alguém; você realizará um serviço de muito valor, e ele concorda em pagá-lo generosamente por esse serviço. Você confia nele e se lança ao trabalho. Depois de trabalhar por semanas, de repente ele afirma: "Decidi não lhe pagar". Você ficaria furioso. Poderia processá-lo para obter o que ele prometeu, certo?

Você experimenta precisamente os sentimentos que Deus experimentaria se você viesse a abandonar seu compromisso. Quando você passa a ter um compromisso com Deus, sua parte do contrato é:

A. Ouvir o que ele fala a você.
B. Agir espiritualmente sem temor ou dúvida.
C. Afirmar o "Eu sou".
D. Manter uma concentração persistente na realização de suas metas e manifestar o que ele tem em mente para você.

Quando você deixa de fazer essas coisas, quando se distrai e perde suas metas, ou quando deixa o medo e a dúvida paralisarem-no, trai seu compromisso com Deus. Se não mantiver o compromisso, a promessa colherá o fracasso, e Deus não se importará.

Quando um homem busca agradar a Deus, seus inimigos ficam em paz. Se você fixa seu compromisso, deixa os inimigos em xeque, não importa o que eles façam para aniquilar o que você está criando. Mas se quebra a palavra, seu compromisso se volta contra você; prova que Deus não pode confiar em seu pagamento pelos serviços rendidos. Incorrerá na ira divina, e o furor divino destruirá os seus trabalhos. Perderá a proteção ante seus inimigos e Deus deixará de exprimir seu espírito através de você. Perderá a direção, não terá valor para vir a ser uma expressão do objetivo divino.

Pague sua promessa assim que a fizer

Não deixe sua promessa voltar-se contra você. Lembre-se, você é a sua palavra. Esta é a única moeda corrente quando tudo o mais se aniquila. Você é e fará o que afirma? Se mantiver seu compromisso, bênçãos virão. Se renegá-lo ou abandoná-lo, receberá uma recompensa negativa.

O mundo humano opera da mesma forma. Uma hipoteca também é chamada de "um primeiro contrato de confiança". O banco que lhe empresta o dinheiro para comprar uma casa confia que você pagará a dívida. Se faltar a essa confiança, tomarão sua casa e executarão a hipoteca. Se você faltar ao compromisso com Deus, ele o privará de seus sonhos e visões. O que acontece quando executam a hipoteca? Seu crédito arruína-se por anos e torna-se muito mais difícil conseguir outro empréstimo no futuro. O mesmo acontece em relação a Deus. Se você falta à sua parte do pacto, Deus estará menos inclinado a confiar e a realizar manifestações no futuro.

Quando você assume um compromisso, Deus espera que o mantenha plenamente. Você não pode comer o jantar, saboreá-lo e, então afirmar que não estava bom e deixar de pagar a conta. Como diz a Bíblia, em Eclesiastes 5:4-5

Quando você fizer um voto, cumpra-o sem demora, pois os tolos desagradam a Deus; cumpra o seu voto. É melhor não fazer votos do que fazer e não cumprir.

Quando você faz um voto, nele há um anjo. Deus guarda e mantém a própria palavra. Sempre mantém as suas promessas; apenas não lhe fala *como* manterá a promessa, ou *quando* você verá os resultados. Como ele mantém a palavra, depende de como você mantém o compromisso. Você precisa evitar a distração e as coisas que o levariam para longe de seu compromisso.

Comece pagando a promessa assim que a fizer. Quando você compra uma casa, paga-a a cada mês. Lembre-se:

NÃO ASSUMA UM COMPROMISSO TÃO AMPLO
QUE NÃO POSSA CUMPRIR.

Se você assume o compromisso, Deus espera que o mantenha. Se ele for amplo demais, o problema é seu. Seja consciente do que pode fazer. A hipoteca também vale quando você compra uma casa ampla demais e, se não puder fazer os pagamentos, o banco toma-lhe a casa, não importa o que você disser. Você precisa assumir um compromisso no qual possa viver.

Você está desperdiçando o estoque de licor cósmico?

Deus não se alegra com os que demoram. Demorar é simplesmente adiar ou atrasar os pagamentos que deve ao Senhor. Deus destruirá os trabalhos de suas mãos, se você demorar a pagar. Pagar é um esforço consistente para cumprir o trabalho do espírito.

Da mesma forma, Deus não se satisfaz com o desperdício. Quem desperdiça o acesso a estoques e negócios? Vadios, fanfarrões, ébrios e pessoas com absolutamente nada a fazer... sem chances de fazer nada. Desperdiçadores são malogros, pois não têm nada melhor a fazer com o tempo, portanto gastam-no. Não contribuem. Se você desperdiça a vida e perde tempo, em vez de trabalhar nas palavras divinas, irá se atormentar. Irá encontrar-se sem objetivo, vulnerável às idéias e distrações que eclipsam seu compromisso.

Há desperdiçadores e esbanjadores em minha igreja – Ministérios Zoe –, como em toda igreja. Eles podem ser pessoas que se salvaram em Cristo, mas não compreendem nada do sistema divino. Essas pessoas vagam como vadios, sem objetivos, sem pagar dízimos, sem compromissos, sem engajamento algum além de aparecerem na igreja, domingo de manhã. Em compensação, esperam trocar algo por nada com Deus. Ocupam espaço e bloqueiam o caminho para os outros. Optaram pelo plano do adiamento.

Deixe-me falar algo que lhe fará bem relembrar:

DEUS NÃO O RECOMPENSA APENAS POR APARECER!

Em uma vida ativa, não há desperdício. Você tem objetivo e está fazendo as coisas acontecerem! Se você deseja que algo venha a acontecer, veja como age a pessoa ativa. Pessoas ativas raramente sossegam; estão fazendo escolhas, criando oportunidades, empunhando a lei da atração. Ativo = Objetivo = Riqueza.

O pobre esbanjador não tem planos para seu tempo. O pobre adormece, pois quando não se tem objetivo, não há encontros e compromissos. Quando é rico, seu tempo é valioso e sempre há mais a fazer, você tem compromissos e mantém agendas. Por quê? Você tem um objetivo a servir.

Esbanjadores jamais contribuem. Deus não se impressiona com as somas doadas; importa-se com o que se doa. Quanto de si você doa? Você doa de si consistentemente, e doa o suficiente, de forma que conta com Deus para ser seu provedor, não seu pagador? Você esvazia sua conta bancária, sabendo que Deus a tornará muito maior depois? O dinheiro deseja mover-se, circular. É como tudo o mais na vida: expansivo, jamais estático. Deus faz as coisas acontecerem quando você move e faz circular o dinheiro.

Como você rompe seu compromisso?

Pecar é simples como romper o compromisso e perder o bem que vinha em seu caminho. Seu pecado não fere Deus, salvo em seus sentimentos; todo mal que você faz é a si mesmo. Lembre-se, um anjo encontra-se presente quando você assume um compromisso; se você o romper, enfurecerá seu anjo, e isso é algo que eu não recomendo!

Se você não está manifestando em sua vida o que deseja, está rompendo um compromisso com Deus, de alguma forma. "Como você rompe seu compromisso?" Você pode estar se fazendo esta crítica pergunta. Deus estava pronto para exterminar Moisés porque ele não manteve o compromisso de circuncidar seus filhos. Mas sua mulher circuncidou-os e disse a Moisés: "Você serve a um deus sangrento". Quando a derrota vem à sua vida, olhe ao redor, olhe para trás, imagine como pode estar traindo seu pacto com Deus. Há diversas vias possíveis.

- Permitindo-se distrair.
- Permitindo que o medo ou a dúvida o impeçam de agir.
- Agindo de forma segura demais.
- Deixando-se ser dirigido pelo dinheiro.
- Dando a outrem o controle sobre você.

Seu compromisso sempre será testado. Pessoas e coisas adversas sempre aparecerão. Controvérsias surgirão imediatamente, para ver se você perseverá no compromisso. Lembre-se de que Deus sempre o testará para torná-lo mais forte. O que você precisa fazer para tornar-se um "dominador"?

RESUMO

- A palavra mais poderosa é a palavra falada.
- As pessoas precisam permanecer em sua vida por livre vontade.
- Sua promessa é a sua única moeda corrente.
- Um compromisso leva Deus a trabalhar por você imediatamente.
- Deus espera que você mantenha sua parte do compromisso.
- Deus o punirá por desperdícios ou adiamentos.
- Seu compromisso sempre será testado.

CAPÍTULO 6

A LEI DA PALAVRA

Agora, vamos além das amplas leis do pensamento, aos princípios mais precisos que ditam como Deus trabalha no interior do sistema que criou. Um desses princípios envolve o papel que a profecia representa em sua consciência da mensagem divina, e envolve a forma de você ser chamado a fazer sua parte para torná-la manifesta. Mas antes consideremos a idéia de doar coisas.

Deus não age com malícia, mas quando percebe que você está adorando um falso ídolo, dará um passo e colidirá com você, para lembrá-lo de remover esse ídolo de sua vida. Se você se sentir muito confortável com algo, Deus o eclipsará. Quando se sente muito confortável com algo, essa coisa se torna o centro de sua vida; você a percebe como a fonte do bem em sua vida. Só há uma fonte de bem, e ela é Deus. Assim, eclipsando o evento em que você confiava, Deus lhe lembra que ele precisa se encontrar no centro de seu mundo.

Esse centro não é o ego. Deus tem um ego, pois se não tivesse, nós também não o teríamos. Mas ele não toma coisas de você porque se sente menosprezado; ele o faz porque, se você depende de dinheiro, fama, tecnologia etc., como centro do sucesso, seu sucesso será construído na carne, portanto não permanecerá. Ele se tornará corrupto. Todas as coisas baseadas na carne corrompem-se. Somente quando você prossegue mantendo Deus no centro e faz seu espírito ser a fonte de poder e prosperidade, o que você cria vem a ser verdadeiramente permanente. Deus está lhe fazendo um favor, embora possa parecer opressor.

Você precisa doar coisas

> *"Você precisa doar coisas*
> *para que Deus lhe doe mais."*

Provavelmente você já ouviu a frase: "Você só recebe o que você dá", ou "É dando que se recebe". Não há saber que mais perfeitamente resuma as leis do pensamento. O universo é uma economia, e você nada recebe, a menos que primeiro doe algo. Quando caminha em uma loja e deseja comprar mantimentos, você precisa dar dinheiro antes de poder caminhar para a saída. Quando você doa, uma mística transferência de "propriedade" toma lugar, e de repente você possui algo que não tinha há apenas alguns segundos. Essa é uma troca que fazemos na sociedade, e todos nós fazemos a mesma troca com o onipotente. Se você recebe, precisa doar.

Você precisa doar coisas para que Deus lhe doe mais. Quando você cede algo, Deus lhe traz mais. Isso significa que você precisa estar disposto a renunciar às coisas de valor, sem pensar no que receberá em troca. Sua dádiva pode ser dinheiro doado à igreja ou a organizações de caridade. Pode ser a ruptura de seu relacionamento com um importante cliente de negócios que não age eticamente, mesmo que ele lhe forneça a metade de sua renda. Podem ser problemas sérios com um sócio que lhe oculta a verdade.

Quando você deixa as coisas irem – quando a doação o estimula –, Deus lhe abre portas e faz as coisas acontecerem. Sinta-se empenhado, pois Deus empenha-se ao doar a você. Quando doar vem a ser parte de sua cultura pessoal, você chama Deus à sua parte do acordo. Você fala: "Deus, abri mão de grande parte do que você me ajudou a construir, porque acredito que você me dará mais". Quando você age assim, Deus precisa responder, pois esta é uma parte do pacto que ele criou com você. Você descobrirá: o dinheiro doado volta dez vezes maior, um cliente perdido vem a ser cinco novos e melhores clientes e seu ex-sócio torna-se uma multidão de novas pessoas a fortalecê-lo e inspirá-lo.

As pessoas precisam das pessoas

Falemos das pessoas por um momento. Se o espírito e seu compromisso são a moeda corrente da economia cósmica, as pessoas são as locomotivas que a movimentam. Lembre-se de que você é um vaso para o espírito manifestar suas intenções neste plano físico e material. Sem as pessoas, não haveria caminhos para Deus criar seus planos e idéias neste mundo. Ninguém é bem-sucedido sozinho, não importando o que se pensa. Mesmo o mais solitário dos escritores, compositores ou artistas precisa de outras pessoas para levar suas criações inspiradas ao mundo – editores, músicos, donos de galerias.

Você só alcançará as alturas que Deus tem em mente por meio de outras pessoas. Precisa de uma rede de pessoas a inspirá-lo, encorajá-lo e desafiá-lo. Todos nós precisamos de pessoas para conectar-nos aos diversos aspectos de Deus. Jesus Cristo não poderia nascer sem uma conexão, uma rede de pessoas. Por isso João Batista nasceu de Isabel. Ele foi a âncora de Cristo neste mundo. As conexões são tudo. Cada pessoa que você conhece será o portal para algo bom ou mau. É seu trabalho reconhecer qual portal vem a ser cada pessoa e caminhar através dos portais a levá-lo a seus desejos.

Você não pode saber para onde está indo sem as outras pessoas. O que Deus lhe der, virá a você através dos outros. Não cairá do céu. Entretanto, as outras pessoas também podem vir a ser a sua potencial desgraça e, portanto, é vital aguçar sua percepção e permanecer honesto consigo mesmo. A autodesilusão talvez seja a mais pura forma de pecado. Você precisa ser honesto consigo sobre as pessoas que se encontram em sua vida, pois sempre que o demônio desejar tomar algo de você, recrutará um homem para tomá-lo. As conexões são a nossa força e a nossa fraqueza. Você precisa avaliar as pessoas com quem anda.

Missão impossível?

Entre as pessoas que você deseja ter em sua vida, há profetas. Como já disse neste livro, todos nós somos nossos próprios profetas auto-realizados, mas profetas legítimos são aqueles indivíduos que o ajudarão a compreender o que as determinações divinas e os eventos de sua vida, significam em relação ao plano de Deus para você.

Os profetas não têm mais habilidade que você para ouvir a palavra divina; todos nós possuímos a habilidade de ouvir Deus. Onde os profetas são diferentes é no saber como ouvir: em espírito, não em som. Lembre-se, Deus é puro espírito, e o espírito só pode falar ao espírito. Você pode ter habilidade para ouvir, mas se não souber como ouvir, permanecerá ignorando as intenções divinas em relação a você.

Os profetas ouvem Deus em espírito, analisam as pessoas e as coisas que chegam à sua vida, e assim você pode perceber os padrões ocultos no que Deus está fazendo.

Sem o auxílio da profecia, a perda de um emprego pode parecer-lhe nada menos que uma tragédia a levá-lo aos abismos da bancarrota. Mas com a orientação de um profeta consciente de como o sistema divino funciona, você pode começar a ver: perder um emprego, mais outros eventos e pessoas que vieram à sua vida ao mesmo tempo, na verdade são sinais de uma bênção maior por vir – um chamado divino à ação. Assim acontece com muitas voltas e reviravoltas em nossa vida – elas podem tornar-se bênçãos e abrir portas, se você tiver a orientação certa para ajudá-lo a vê-las pelo que realmente são.

A razão de os profetas serem tão importantes para você é que Deus muitas vezes lhe dará uma profecia que parecerá uma impossibilidade. Comunicará que você está se tornando um multimilionário, o fundador de toda uma nova indústria, como o fez às pessoas que criaram o *rap* e o *hip-hop*. E como toda manifestação sempre principia como um pensamento invisível, antes de começar a tornar-se real em sua experiência, se você não for esclarecido e iluminado por um profeta, dirá a Deus: "Impossível. Não posso fazer isso". Mesmo que você esteja mergulhado no espírito, pronto para seguir adiante e arriscar tudo por Deus, pode sentir que este seria um salto grande demais para ser dado. Os profetas decifram-lhe os sinais que acompanham a profecia, sinais a lhe falar o que você pode fazer, e quem pode encontrar.

Eis por que é tão crucial compreender quando Deus lhe fala uma palavra. Você pode sabê-lo e ouvir, mas não será capaz de agir e manifestar essa palavra se pensar que ela é uma impossibilidade.

A profecia está em toda parte

"Deus sempre falará uma palavra profética, pois a palavra que você vier a falar pode impedir a manifestação do que está por vir."

As grandes mudanças sempre são anunciadas pelo aparecimento de eventos proféticos. E esses são a vanguarda de demolidoras mudanças por vir, semelhantes à vanguarda de um gigantesco exército a chegar dias depois. Deus sempre dirá uma palavra profética, pois a palavra que você vier a falar pode impedir a manifestação do que está por vir. Lembra-se de como Deus tornou Zacarias mudo, até que seu filho João Batista nascesse? Isso porque uma palavra de dúvida de Zacarias – tal nascimento seria "impossível" – poderia abortar a gravidez divina no ventre de sua mulher. Deus leva-o a saber que grandes eventos se encontram a caminho enquanto você permanecer quieto, evitar palavras e pensamentos de dúvida, e deixá-lo seguir à manifestação.

O nascimento de Jesus Cristo realizou-se com a profecia. O anjo Gabriel veio a Maria e disse-lhe que ela daria à luz uma criança, mesmo não tendo "conhecido um homem". A perseguição das crianças por Herodes era um sinal: uma perseguição de crianças é sempre um indício de que libertadores e portadores de luz estão nascendo na Terra.

Por que os três magos eram chamados de sábios? Por compreenderem que a profecia estava no ar. Não retornaram a suas casas pelo mesmo caminho por que vieram; se o fizessem, provavelmente seriam mortos pelos soldados do rei terrível. Um homem sábio jamais retorna pelo mesmo caminho por que veio. Um homem pode ir a uma igreja e não ter casa, mas deixa-a com muitas casas. Ao ter contato com o poder da profecia, você voltará inalterado... caso se encontre em um estado de mente e espírito capaz de ouvir e reconhecer a profecia.

O ciclo heróico

A ação de ouvir Deus e reconhecer sua palavra é complexa, não é? Eis por que há poucos verdadeiros profetas na Bíblia, como Isaías, mas também eis por que o falso profeta foi desprezado ao longo da história como portador do mal. Você pode imaginar uma pessoa que, pela malícia ou desilusão, interpreta uma profecia de forma que leva você para longe do objetivo divino? Como isso pode prejudicar a sua vida? Você precisa estar sempre atento e escolher os profetas que ouve.

Uma forma de fazê-lo é compreender as regras básicas do sistema divino. Uma delas é esta:

> DEUS SEMPRE ESCONDE SEU TESOURO
> EM UM VASO IMPROVÁVEL.

Deus nunca revela o tesouro em algo que pareça ser o vaso mais provável. Sempre o enterra em um vaso que pareça improvável. No caso de Jesus Cristo, enviou o libertador do homem na pessoa de um humilde, pobre carpinteiro, que ensinava o amor e a bondade. Não seria mais apropriado – certamente mais Hollywood – enviar um Messias que fosse um guerreiro carismático? Mas não é assim que Deus trabalha. Ele jamais coloca algo em suas mãos. Oferece, e você precisa escolher. É assim que você aprende o saber.

Deus sempre enviará libertação que não parecerá ser libertação, e você se verá obrigado a caminhar por uma via para descobrir e colher essa libertação. Deus deseja o processo de você manifestar sua vontade para transformar-se, tornar-se um ser divino. Assim, cada geração tem suas histórias de heróis improváveis em longa jornada, grande viagem, em odisséia para mover-se da ignorância e obscuridade ao conhecimento, à luta, à autoconsciência e, finalmente, à vitória – de *Cinderela* a *Guerra nas estrelas*. Este é o ciclo heróico feito pelo escritor contemporâneo Joseph Campbell: o herói tem uma revelação, deixa sua casa, faz uma jornada cheia de perigos, descobre os seus defeitos e forças, e transforma-se pela experiência.

Deus utiliza os rejeitados

Para levar adiante esse pensamento, você pode dizer que provavelmente Deus toma os que os outros percebem como os menos valorosos de uma sociedade e os eleva aos principais lugares em seu objetivo. Na realidade, cada um de nós tem o potencial para ser "Eu sou" e assumir seu lugar como sócio-júnior de Deus, mas quanto mais humilde uma pessoa é, provavelmente mais esteja disposta a colocar de lado o ego e o intelecto para abrir a mente e ouvir plenamente o que Deus fala.

Em outras palavras, quem você pensa ser mais apto para ouvir, quando Deus fala: um cirurgião de sucesso, dono de um carro BMW e de uma mansão fantástica, ou um inventor malsucedido, de quem todos falam ter idéias repulsivas? Quanto maior sua rejeição, maior sua consagração. Deus utiliza os rejeitados. Se você não é rejeitado, não tem valor para ser utilizado.

Como isso é possível? Há lógica por trás da idéia. Se você não é rejeitado, nem se aproxima do abismo, nem caminha para além de sua zona de conforto, não se expande para fazer grandes eventos. Todos os que pensam de forma original – artistas, cientistas, inventores, empresários – foram considerados insanos ou hereges, antes que aceitassem suas idéias. Só depois que suas idéias se manifestaram exteriormente foram chamados de geniais. Mas para ser um gênio – para ser exaltado aos olhos de Deus –, primeiro você tem de arriscar tudo e não rejeitar ser rejeitado. Deixe de buscar a aceitação e busque a rejeição. A morte de Jesus relaciona-se com o ser rejeitado. A destruição do ego deve preceder a rejeição. Você não será elevado por Deus e não virá à sua herança do "Eu sou", antes que possa repousar e ser rejeitado até que o espírito o desperte. Se você se encontra confortável, quer dizer que colocou dinheiro ou coisas na fonte de seu poder, e só Deus pode ser essa fonte. Eis por que a rejeição é mais adequada para ouvir Deus e responder. Os que pensam com originalidade deixaram o ego e abriram-se à mensagem; aceitaram a libertação especial de Deus.

Não aniquile seu futuro para pagar pelo presente

A profecia não existe para aterrorizá-lo, mas para torná-lo consciente. Jamais tema o futuro, pois o futuro não o teme. Agora, começamos a chegar à economia da manifestação divina, ao objeto que focalizei em outras obras. Na economia do universo, você é a moeda corrente, e gasta essa moeda com sua mente operando no espírito.

Na economia cósmica, seu futuro é tão rico quanto o presente, e você sempre terá de pagar amanhã o que toma de seu hoje. Doar aos outros diminui seu presente e aumenta seu futuro; é semear para colher mais tarde, e a dádiva sempre lhe trará boa fortuna. Assim, as pessoas que doam generosamente à sua igreja, sem pensar no que vão conseguir com isso, encontram a boa sorte em seu caminho o tempo todo. Elas sabem que doar é pagar pelo invisível a vir.

Por outro lado, emprestar tira de seu futuro para aumentar seu presente. Em vez de seguir e doar, você toma o que tem na conta do pai em sua linha temporal e usa-o para aumentar o que tem agora. Você coloca algo mais antes de Deus, como sua fonte. Está se esvaziando de suas sementes, portanto terá uma pobre colheita.

Quanto mais você semeia – quanto mais repousa e se afasta do que não é Deus, e confia em Deus para elevá-lo a seu objetivo –, mais virá a você.

Você pode não ter casa, e vir a ter diversas casas, ou não ter carro, e vir a ter diversos carros. O potencial é sem limites... se você conhece o sistema.

Sua palavra profética

Vamos diretamente à lei da palavra:

SUAS PALAVRAS TÊM O PODER DE CRIAR OU EXTERMINAR.

Como isto se relaciona com o que dissemos anteriormente neste capítulo? Tudo caminha para a compreensão. Tal como você precisa ouvir o profeta para compreender o significado da fala divina, precisa compreender o poder de suas próprias palavras para servir ou resistir à profecia.

Se você não acredita em uma profecia, suas palavras a exterminarão. Pior, elas a enviarão a outra pessoa. Suas palavras e pensamentos podem provocar a vida ou a morte. Assim, você precisa estar atento à lisonja. Estar atento à baixa auto-estima. As palavras podem crescer em você e dominar a sua mente. Cuidado ao ouvir as pessoas que não caminham em sua direção. As palavras contêm algo que retorna a você.

Como provavelmente tenha ficado claro para você durante a leitura deste livro, a grande maioria dos seres humanos adormeceu para a palavra divina, para sua própria divindade e para seu potencial. Adormecemos coletivamente, mas despertamos individualmente, quando estamos prontos para colocar de lado o ego e nos tornar um vaso para Deus plantar seus pensamentos. Alguns indivíduos despertam quando ouvem a palavra certa; algumas pessoas não podem ser despertas de forma alguma, pois jamais ouvirão. Para elas, a ignorância é felicidade. Outras se debatem em seu sono, mas isso não significa que estão despertando. Compreenda isto:

QUANDO VOCÊ OUVIR A PALAVRA DE DEUS,
RECONHEÇA-A PELO QUE ELA É, E, SE ESTIVER PRONTO
PARA AGIR DE ACORDO COM ELA, VOCÊ ESTÁ DESPERTO.

Seus pensamentos são anjos

Cada um de seus pensamentos é um anjo falando a você. Gabriel convenceu Maria de que, mesmo sem ter conhecido um homem, ficaria grávida e carregaria a criança que se tornaria Jesus. A lição não se perde: você também pode dar nascimento a um milagre, sem conhecer um homem. Pode criar sem meios de apoio visíveis, sem os meios que pensa precisar para realizar sua meta. Tudo de que você precisa é tomar a coisa em suas mãos e agir. Acredite na palavra de seu anjo, e os meios para realizar o que deseja aparecerão.

Assim como Maria e muitos outros, você precisa caminhar através da noite negra de sua alma, onde só há Deus além de você mesmo, e nada para sustentar seu espírito, salvo a fé de que Deus o proverá, se você caminhar em ar escasso e arriscar-se a falhar. Há algo que você carrega, algo que precisa fazer florescer. Fale uma palavra e faça-o nascer.

* * *

RESUMO

- Você precisa doar coisas para receber mais.
- Você precisa de pessoas para realizar as suas metas.
- Deus sempre lhe dará uma profecia que parece impossível.
- Eventos muito fortes são um sinal de que a profecia está acontecendo.
- Deus envia libertação em vasilhames improváveis.
- Deus escolhe os rejeitados para seus objetivos.
- Sua palavra pode dar vida ou morte às suas idéias.

CAPÍTULO 7

A LEI DA MENTE

É comum, no sistema divino, uma grande benesse significar também uma ameaça em potencial. Eis o clássico conceito da faca de dois gumes: um gume pode defender e vencer batalhas; outro pode voltar-se contra você e feri-lo ou mutilá-lo. Tudo reside em saber como manejar a arma. Assim é a natureza da mente, do intelecto e das emoções, ao ouvir e canalizar a palavra divina.

Ao abrir-se ao fluxo de percepção e revelação divinas, o intelecto pode ser seu pior inimigo. Saber demais pode cegá-lo para o novo e desconhecido. O intelecto é a parte de sua mente que contém o ego, a parte de sua personalidade que pensa saber a natureza da realidade e saber como se move o universo. O intelecto pensa ser Deus. E essa barreira pode obstruir o caminho do fluxo espiritual do reino incorpóreo, que começa a manifestar bens em sua vida.

"O sentimento e o corpo se conectam. Coloque o que deseja no sentimento, e o corpo o seguirá."

Você precisa ser capaz de colocar de lado o intelecto – parar de buscar analisar, e simplesmente sentir o que está acontecendo. Há incrível poder em permitir a si mesmo sentir a realidade da visão divina, senti-la tornar-se real e tangível, como se já estivesse realizada na materialidade. Eis a chave da manifestação: imagine como se sentiria se estivesse em um Rolls Royce. Dê a si mesmo a expressão e o sentimento de ter o Rolls Royce, e o Rolls Royce não terá escolha, salvo vir até você.

O sentimento e o corpo se conectam. Coloque o que deseja no sentimento, e o corpo o seguirá. Você não pode obter um bem antes de sentir o bem. Capture o sentimento, e o corpo dessa experiência estará próximo. Abraçar o sentimento é uma forma de transcender os limites de seu intelecto e acreditar no que o espírito lhe fala.

A importância da meditação

Através da meditação, você pode ser o que imagina. A *meditação* (se você se sentir desconfortável com esta palavra, pois ela sugere as religiões orientais, ou o misticismo, pode usar a expressão *prece*) é o processo pelo qual você coloca a sua mente em um estado alerta para receber, em espírito, a palavra divina. Quando você medita, torna-se um rádio de duas vias, com o volume do receptor tão alto quanto possível. E quando você deixar o intelecto e parar de analisar a experiência – quando deixar de ser, e começar a tornar-se um com Deus –, sentirá incríveis percepções e visões ingressando em sua mente.

Medito diariamente. Todos os profetas o fazem. Cada um tem seus próprios rituais para meditar, mas todos o praticam, pois é a única forma de acalmar a mente, silenciar os pensamentos e realmente *ouvir* Deus. O ego e o intelecto são pesos pesados; são necessários duros esforços, mesmo para os mais experientes e consagrados profetas, para removê-los dos caminhos do sinal divino.

A meditação ajuda-o a sentir... *realmente* sentir. Bem como Cristo fez os homens sentarem-se, no relato bíblico do milagre dos peixes, a meditação faz a mente sentar-se, domina a parte que só vê fatos e dúvidas. Você faz a mente sentar-se, conta regressivamente, de cinco a um, e chega a um estado de ser igual a uma criança, enquanto confia e não questiona. Esse sentimento ajudará a provocar as manifestações em sua vida.

Tornar-se "uma criança pequena" é um ato de caminhar a um nível profundo da mente, tornar-se simples, ingressar em um estado-alfa de consciência, onde você pode ouvir a palavra divina. A meditação abre a imaginação, lugar onde todas as coisas que você espera manifestar residem antes de existirem fisicamente. Há significação no fato de muitos praticantes avançados da meditação inclinarem os olhos a um ângulo de 45 graus, quando ingressam nesse estágio de consciência. Isso o leva a olhar para cima, como uma criança a olhar o pai. A meditação em tal nível vai além da mente, para onde flutua sua pura energia criativa.

Deus só responde ao "Eu sou"

Há uma boa razão para dominar a prática de sair do intelecto e aquietar a mente: é o único caminho para Deus prestar atenção em seus desejos e manifestar o que você quer em sua vida. Deus não ouve a razão ou o intelecto, pois eles só se voltam para o atual, para o que já existe. Mas já vimos que, quando o que você deseja começa a manifestar-se, é invisível e parece impossível. Agindo com o intelecto, automaticamente você fala a Deus: "Eu desejo este objeto em minha vida". Essa é uma declaração de necessidade, uma confissão de que você e seu desejo são separados. Você não está separado:

VOCÊ E SEU DESEJO PRECISAM SER UM,
PARA ELE SE MANIFESTAR.

Deus jamais lhe dará uma necessidade. Ele só responde ao "Eu sou", pois só responde a seu próprio nome. Está sempre esperando por ele. Esperando você afirmar sua verdadeira natureza como "Eu sou", vir a ser os objetos que deseja, antes que ele possa começar a manifestá-los para você. Você precisa ser a casa, o carro, o contrato. Enquanto estiver separado deles, encontra-se em necessidade e isso rouba seu poder! O que você acrescentar ao "Eu sou", Deus trará à sua vida. A tentação está no desejo e na necessidade; o espírito está sempre no "Eu sou", e nele não há tentação.

Você precisa aprender a ouvir a sua natureza. Ao viver algo em sua imaginação, você encontra-se no modo receptivo e trará o objeto à manifestação. Quando está consciente de ser, você se torna.

A mente precisa ser ensinada a perecer

Ironicamente, a mente, a maior criação divina, é também o objeto que mais nos impede de receber o favor divino. Mas é assim que Deus trabalha: tudo é luta ou barreira em potencial, e você precisa obter saber, para superá-las. Isso vale mais ainda para a mente. Você precisa ensinar sua mente a existir na forma da imaginação e a adormecer na área do intelecto. Precisa ensinar a mente a morrer. Se não o fizer, sua palavra ou dúvida podem matar o que Deus está buscando manifestar para você.

Há alguns anos, ouvi uma história sobre um homem que adoeceu e só tinha mais seis meses de vida. Depois do diagnóstico, ele se apaixonou pelo cultivo das orquídeas. As orquídeas o consumiam; tornaram-se a sua paixão. Um ano depois, perguntaram-lhe como continuava vivo, se os médicos previram que não viveria mais de seis meses. "Esqueci de morrer", ele disse. Viveu por anos, depois disso.

Sua mente, sua parte racional que pensa saber mais que Deus, precisa ser ensinada a calar-se, repousar, entrar em coma por um tempo. Seguir a palavra divina é um sentimento em suas entranhas, um senso de sincronia, um impulso para agir sem base na lógica, mas um sentimento certo. Quando você segue esse sentimento como seu movimento primordial, age de acordo com o espírito, a caminho de vir a ser os objetos que deseja. Mesmo as mais brilhantes mentes científicas de todos os tempos, mestres do pensamento racional, admitiram que muitas de suas maiores percepções e descobertas aconteceram quando suas mentes deram saltos intuitivos. Certamente isso aconteceu quando Deus deu a Albert Einstein uma surpreendente percepção da estrutura em que repousa o cosmos, com a teoria da relatividade, que transformou nossa compreensão de como o universo se movimenta.

Libertar a mente do intelecto permite-lhe capturar um constante fluxo de inspiração e intuição sempre corrente no tempo e ao seu redor.

Os nomes definem o seu mundo

Isso nos leva ao conceito de nomear, e ao fato de que, quando você nomeia algo ou alguém, define a sua natureza. Os nomes transportam vibrações, e as vibrações transportam a natureza. Os significados de seu nome e dos nomes dos outros lhe contam onde você se encontra no processo de realizar o estado de ser que lhe permite ver a palavra vir a você.

A maneira como você nomeia os objetos revela muito de como você vê o mundo. Se você estiver consciente do poder de nomear, terá cuidado na forma de chamar os objetos e as pessoas de sua vida – e na forma de chamar a si mesmo. O nome de um objeto não somente revela sua verdadeira natureza; ele lança em movimento a definição dessa natureza. Ao nomear algo ou alguém, você altera sua natureza. Nomear atrai energia, positiva ou negativa. Por exemplo, nomear a si mesmo com um nome negativo atrai seu espírito ao negativo, e começa a atrair pessoas e resultados negativos. O inverso é verdadeiro, se der a si nomes positivos. Como muito mais nas leis do pensamento, você precisa ser (e dar nome a) o que deseja se tornar, de forma a trazer o objeto do desejo a si, em manifestação material. Chame a si mesmo do que deseja se tornar – um milionário, um líder –, de forma a tornar-se essa coisa. Nomeie as pessoas que deseja ter em sua vida – investidores, sócios – antes de sua chegada, e você as chamará ao ser.

A fé será premiada

Todo esse tema retorna a uma idéia central: deixe de lado o que pensa "saber" com o intelecto e tenha fé em Deus. Deus premia a fé. A fé é a coisa mais importante que ele lhe pede. Não por desejar lisonja; ele não precisa de palavras ocas. Deus pede fé por ela ser a forma de ele poder trabalhar através de cada um de nós. A fé abre a porta ao favor.

A fé requer que você suspenda as expectativas costumeiras de que o bem virá imediatamente. Vivemos em um momento de cultura da gratificação, mas Deus não trabalha com nossa linha do tempo. Em dados momentos, Deus lhe permitirá caminhar e parecerá não estar com você; assim, poderá retornar e levá-lo para além da adversidade. Eis a forma de Deus trabalhar: provocando-o, desafiando-o, surpreendendo-o, superando o que você pensava serem as suas limitações.

"O favor de Deus lhe dará algo, quando sua fé não tiver tempo de manifestá-lo."

Às vezes, tudo o que você precisa fazer é pedir graça, e Deus trará coisas à sua vida. Graça é imerecido favor de Deus – favor que você não merece, mas que ele dá, de qualquer forma. Já falamos sobre o favor e o conceito de favor-ito. Lembre-se, o favor não é imparcial! Mas quando você tem fé e pede favor, o favor lhe dará o que a fé não pode. O favor de Deus lhe dará algo, quando sua fé não tiver tempo de manifestá-lo. Pense na fé como o demorado carteiro de sua visão e no favor como um Sedex 10. Às vezes, você precisa do objeto imediatamente, e o favor o manifesta.

O favor produzido pela fé confundirá e enfurecerá pessoas que pensam que você está desrespeitando a autoridade delas e, mais importante, desrespeitando a forma como elas supõem que o mundo deva funcionar. O favor deixará o promotor louco. As situações não trabalharão contra você, mesmo se puderem. Você sairá de situações que o poderiam condenar. Deus sorrirá para você. O favor premia a fé, não a lógica ou o intelecto. Se seu objetivo de vida é agradar a Deus, boas coisas virão até você.

O batismo submerge a sua mente superior

Aqui reside todo o problema: orgulhamo-nos de ser criaturas racionais. Os seres humanos apaixonaram-se por sua razão, e com razão: é uma incrível ferramenta que nos habilita a criar objetos maravilhosos. Mas ela tem limitações, e a principal é que só pode funcionar no mundo material. No reino espiritual, é inútil. Nesse reino, os guias são o sentimento e a fé. Mas treinar a mente para ir além da razão, e ser guiada pela intuição, é muito difícil. Portanto, você precisa batizar sua mente, submergir o intelecto e renascer como mente espiritual.

Como você o faz? Pela prática da meditação consistente e persistente, e deixando o ego. O intelecto o leva a confiar na mente e negar o espírito, e você precisa lutar constantemente para ir além dessa negação e ouvir o espírito. Sua mente precisa ser um canal para a mente divina. O batismo inunda a dúvida e os pensamentos intelectuais. Sua mente superior se lava e torna-se a morada para a voz e a mente divinas residirem em você.

Assim, João era o Batista: o batismo se faz na cabeça, pois seus pensamentos precisam ser batizados, submersos. Você precisa submergir os pensamentos que se encontram no caminho do espírito.

Agora, deixe-me dizer algo importante. Nada disso significa que você deva rejeitar o trabalho do intelecto em outras circunstâncias. No cristianismo, há muitas pessoas com tendências anti-intelectuais; elas temem as pessoas que fazem muitas perguntas sobre temas de fé, pois usam a fé como pilar para sustentar alguma espécie de templo terrestre que nada tem a ver com Deus, mas com dinheiro ou ódio.

Os fiéis verdadeiros sabem que Deus criou o intelecto para nos tornar curiosos e nos ajudar a inovar, inventar e fazer avançar a espécie humana. Deus também é intelecto bem como espírito. O problema surge quando o intelecto não conhece seu lugar apropriado: é uma ferramenta do material, não do espiritual. Você precisa colocar a mente racional no lugar apropriado e livrar a fé e a inspiração, ao tratar de temas espirituais. No intelecto, não há nada a temer; simplesmente ele não trabalha com o sistema divino. Trabalha com o sistema humano.

Jamais diga a Deus como agir

Assim, você age em fé, abre seus sentimentos a Deus, afirma-se "Eu sou" aos objetos que deseja. Isso é maravilhoso. Apenas evite algo negativo: jamais diga a Deus *como* fazer para manifestar objetos em sua vida. Não é de sua conta, e Deus não deseja sua opinião sobre como ele deve fazer as coisas acontecerem.

Diga a Deus o que deseja, e basta. Não o instrua como, não lhe diga quem deve trazer o objeto, não lhe ordene em que tempo e lugar. Peça e aquiete-se. E quando o objeto for entregue, não o julgue. Apenas aceite. Deixe-o ser e manifestar-se. Quando você começa a dizer como, onde, quando, está instalando seu intelecto na mente divina, e isso não funciona. Deus enviará sinais (como o "prato quebrado"), para deixá-lo saber quando algo começa a se manifestar, mas provavelmente seja tudo o que ele fará. Porque ele deseja que você desenvolva a percepção, para ver o iniciar-se da manifestação por si mesmo... afiando as suas visões e conquistando uma percepção maior da profecia.

A lei da mente

Tudo precisa ter uma *psicogênese*, um início no reino da mente. A manifestação física é meramente o efeito posterior tardio do que já teve lugar no mundo invisível da mente. O que acontece na mente é uma transação entre você e Deus, uma troca de sua atenção pela palavra divina que leva o espírito à manifestação. Você paga e recebe. Você pode falar: a manifestação física a seguir é nada mais que um reflexo da verdadeira manifestação a acontecer em sua mente, e no mundo invisível do espírito.

Esta é a lei da mente:

A MENTE É O MUNDO INVISÍVEL DA IMAGINAÇÃO ONDE TODAS AS COISAS SÃO, NO PRINCÍPIO, CRIADAS.

Não confunda mente e intelecto; o intelecto é o pragmático, o racional a duvidar, que enviamos para o lugar apropriado, neste capítulo. A mente é a parte de sua personalidade que voa além dos limites e imagina o impossível, e dessa forma o torna possível. Quando você vê um objeto em imaginação, finalmente esse objeto virá ao corpo de sua experiência se você permanecer concentrado e persistir em seu desejo por ele. O que se move no reino invisível da mente atrai objetos que se movem no reino visível da matéria. Mentalize o objeto antes de materializá-lo.

Enquanto você se empenha em dominar tal informação, recorde a definição de fé: fé é a substância das coisas esperadas e a evidência das coisas invisíveis. Tudo de que você precisa já existe na mente divina, onde não há tempo. Tudo o que você está para ser, e se tornará, já existe. Basta-lhe chamá-lo, e torná-lo manifesto em sua imaginação. Ouça Deus falar-lhe onde o encontrar, e crie-o com a atenção e o pensamento.

*"Você precisa **mentalizar** o objeto, antes de poder **materializá-lo**."*

Esteja atento, e deixe a manifestação acontecer

Então, há tantas coisas a fazer! As experiências de ouvir Deus, voltando seu ser ao sentimento e à imaginação, podem levá-lo a correr e contar a todos o que você pensa que sabe sobre ser humano. Fomos ensinados a só respeitar a razão; é o que nos distingue dos animais inferiores. Mas isso não é verdade. O que distingue o homem é sua natureza divina como "Eu sou", seu poder de se tornar criador, de formar o mundo invisível e, portanto, o mundo material. Enquanto aprende a trabalhar no mundo espiritual, cultive seu cuidado com os objetos e as pessoas a transformar-se a seu redor.

Os sinais se tornarão visíveis quando as coisas começarem a manifestar-se para você. As pessoas entrarão e sairão de sua vida. Deus falará a você. É preciso estar sempre atento ao que acontece a seu redor, e compreender as significações. Se não estiver atento, pode perder um sinal, ou uma oportunidade, e terminar prejudicando a sua manifestação.

Você age, então aquiete a mente, e deixe seu desejo tomar forma como experiência. Ele não pode tomar forma enquanto você continuar a agir nele, no reino de sua mente. Você precisa chegar a uma conclusão em sua mente. A psicogênese não pode acontecer até que você aquiete a mente. Tire as mãos do volante, deixe Deus pilotar e permita às coisas se manifestarem na forma a que melhor se adaptam. Você não pode controlar a forma ou a natureza da manifestação; simplesmente reconheça-a e encontre um meio de trabalhar com ela.

***

RESUMO

- Seu intelecto bloqueia o caminho da comunicação com Deus.
- A meditação é a disciplina decisiva a dominar para ouvir a palavra de Deus.
- Deus não responde à necessidade, mas apenas ao "Eu sou".
- A mente precisa ser treinada para adormecer e aquietar-se.
- Quando você nomeia algo define sua natureza.
- O batismo é uma submersão das dúvidas da mente superior.
- Jamais diga a Deus como ele deve planejar a manifestação.
- Toda criação inicia-se na imaginação.

CAPÍTULO 8

A LEI DA JORNADA

Há mistérios no interior de mistérios, no interior das leis do pensamento e no interior do sistema através do qual Deus age. Este é um estudo de anos, a razão de os profetas serem tão importantes. É preciso um profeta para começar a decifrar o sentido de tudo o que o assalta, de todos os lados. Assim, enquanto aprende, é vital você começar a fazer o necessário fundamental para colocar a expressão divina a trabalhar em seu interesse: falar palavras de criação e vida, e profetizar, até que algo aconteça. Você veio a este mundo grávido da palavra e da possibilidade de criação, mas precisa dar algo ao reino visível. Não é fácil (como toda mulher que deu à luz pode lhe contar), mas você não pode fazer de outra forma.

Você deve ter noção de onde está. Deve aprimorar suas faculdades de percepção e saber quem é e o que deseja ser. Se não sabe o que deseja, não o terá. Todos nós somos chamados a seguir um processo que requer exercermos controle para realizá-lo: para começar a manifestar, precisamos controlar a nossa mente e chegar a uma conclusão: "Eu sou este objeto, esta meta, este desejo". E quando sabemos disso, podemos passar o controle a Deus, e dizer: "Confio em você, Senhor, e agirei sem me inquietar com dinheiro ou riscos, e o deixarei realizar a sua vontade".

Enquanto isso, precisamos controlar nossas palavras e pensamentos e não torpedear nosso barco antes de lançá-lo à água. Nessa ação, é difícil manter o equilíbrio, e desenvolver a habilidade para dominá-la leva décadas. Assim, raramente você vê pessoas de sucesso na casa dos vinte anos; elas continuam cometendo seus erros e tropeçando em suas próprias palavras.

Doe a sua mente

Afinal, você precisa estar disposto a doar a sua mente – sua parte intelectual que busca dirigir o espetáculo –, de forma que uma grande mente possa aparecer. João Batista o simboliza; teve de ser decapitado para renascer com a mente de Cristo. A chave do homem são os pensamentos. Você é seus pensamentos. A mente humana é a boca de Deus. Deus o criou como um canal para suas palavras neste plano terrestre.

Como você se lembra, já dissemos que sem você Deus não tem presença neste plano. Ele só pode manifestar a criação – a criação só pode alcançar sua realização – se você agir sob a direção dele. Deus não deseja puxar suas cordas como a uma marionete, mas canalizar a palavra através de você e deixá-lo formar os fins. Com essa espécie de energia agindo através de sua mente e espírito, você só pode ajudar a realizar grandes eventos. Mas primeiro tem de deixar o ego e a autoimportância fora do caminho!

Seus diamantes estão esperando serem descobertos

[...] pois será grande aos olhos do Senhor. Ele nunca tomará vinho nem bebida fermentada, e será cheio do Espírito Santo desde antes do seu nascimento.

Lucas 1:15

Tudo de que o homem necessita, tudo de que você precisa para realizar o seu destino já existe na mente universal, isto é, em Deus. É como se a prosperidade e a grandeza que você deseja para si estivessem enterradas no solo, como diamantes. Homem algum criou os diamantes que terminam em um anel de noivado; eles foram criados pelos processos naturais que Deus lançou em movimento e doados com espírito, e permanecem ocultos até que algum mineiro os desenterre.

"Aquilo em que você deseja se transformar está adormecido em seu interior. Você precisa transformar a sua mente para despertá-lo."

De forma idêntica, tudo o que você deseja espera, oculto, já plenamente formado, aguarda você descobri-lo, desenterrá-lo, poli-lo, aperfeiçoá-lo. Todos abrem um caminho na Terra, um caminho ordenado por Deus. Você já está plenamente formado, como quem virá a ser em sua consciência "Eu sou"; basta-lhe vencer o intelecto a duvidar, afirmar "Eu sou esta experiência" e usar o poder da palavra para trazer-lhe os objetos do desejo. O que você deseja ser está adormecido em seu interior. Você precisa transformar a mente para isso.

As habilidades que você possui, as idéias que um dia você trará à fruição – estão todas dormindo profundamente em seu espírito agora, neste instante! Isso é estimulante – o potencial para transformar a sua própria vida encontra-se em seu interior mesmo enquanto você lê este livro. Mas é preciso agir e transformar seus processos de pensamento, de forma a tomar essa energia potencial, atualizá-la e torná-la energia cinética a criar mudanças. Aposto que você não tinha percebido: as forças de que precisa, para aproximar-se de sua vida imaginada, estavam ao alcance das suas mãos. Muitos não o percebem. Estão ocupados, buscando essas forças além, e deveriam buscá-las no interior de si mesmos onde se encontram os diamantes que Deus neles colocou na criação original.

O homem espiritual, ou Cristo, a palavra divina, é o verdadeiro eu íntimo de todo indivíduo, o eu interior de cada pessoa. Portanto, o homem contém, em seu interior, as possibilidades de devir, evoluir, e, através de suas palavras, utiliza os princípios criativos da mente divina, para criar.

Paciência, gafanhoto

Quando você alcança o nível de consciência mental em que pode se tornar a palavra, e abre as portas para Deus criar em espírito, pode pensar ter chegado ao fim do processo. Tudo o que precisa fazer agora é sentar-se e colher todas as coisas boas enquanto elas chegam, certo? Errado. Deus jamais cria tal facilidade. Promete trazer-lhe a manifestação, mas não fala *quando*.

Geralmente, a manifestação acontece muito depois de se tomar a decisão. Durante o longo período de gestação, o objeto do desejo pergunta-lhe, todos os dias: "Tem certeza de que me deseja?" Assim, a paciência e a persistência no esforço e na concentração são muito importantes. A bênção virá no tempo certo. Quando você afirmar "Eu sou", e abrir-se à palavra, Deus a trará. Mas você não tem controle sobre a duração temporal.

Deus testará sua fé e concentração, mesmo enquanto ele estiver lentamente construindo, no reino espiritual, o que você deseja. Todas as novas surpresas que acontecerem, enquanto estiver esperando o objeto de seu desejo se manifestar na realidade, serão testes de sua fé. Uma pequena porção de dúvida pode eclipsar em sua mente e, portanto em sua vida, o que você está se tornando. Você sempre será testado, pois Deus só mostra favor aos que persistem.

Por isso, é essencial ter a capacidade de ser. Em vez de se preocupar com o que pode fazer, concentre-se em quem você é. *Você é aquilo que deseja!* A força de sua afirmação de ser essa experiência atrairá as pessoas necessárias para fazer acontecer o que você deseja realizar. O "Eu sou" cria os aliados necessários para manifestar seu desejo. Seja; não se preocupe com o que você pode fazer.

O pecado do filho pródigo

Quando você começa a libertar o poder de sua própria mente divina, conecta-se à economia de Deus, ao sistema cósmico de pagamento e recebimento que governa todas as coisas. Nele, todos os filhos precisam estar presentes, interligados à economia paterna, conquistando habilidades para criar mudanças. Quando manifesta riquezas, mas deixa as riquezas se tornarem a coisa mais importante para você, está pecando. O pecado do filho pródigo foi tornar-se separado da economia paterna. Deus não se importa se você é rico, desde que a riqueza não venha a ser a fonte de todas as coisas para você. Deus precisa ser sempre a fonte de tudo de que você precisa. Se você buscar seus sonhos fora de si, nunca os encontrará. Eles se encontram em seu interior. Eles *são* você.

Mas mesmo se você se separar de Deus dessa forma, ele não o corrigirá. Deus gosta das lições árduas, pois sabe que nós, seus filhos voluntariosos e obstinados, freqüentemente aprendemos com diversos tipos de experiências. Deus não se interessa em ser o salvador de seus filhos. Você jamais será o salvador de seus filhos. Você é o professor, mas eles precisam agir pela própria vontade e pela própria mente. Deus não salvou a criação, mas enviou seu filho, e deixou seu filho salvar a criação pela própria vontade.

Quando o filho pródigo quis representar o bobo da corte, o pai permitiu-lhe. O pai deixou-o ter esta experiência, pois era a única forma de ele aprender. Você só será salvo quando cair em si e perceber que Deus sabe mais que você. Eis o motivo de existirem as duras lições e os golpes da vida: ensinarem-no.

Permaneça faminto

Todas essas palavras levam-nos a uma conclusão lógica:

VOCÊ NÃO SERÁ SACIADO POR DEUS
ANTES DE ESTAR FAMINTO.

Muitos de nós temos de rejeitar Deus e experimentar a necessidade que a rejeição cria antes de entender a fome que nos leva a precisar estar com Deus. Você pensará ter todas as respostas; todos nós o fazemos. Você se perderá em algum caminho. Você poderá chegar ao fundo do poço e entrar em desespero. Só então tomará a decisão de buscar Deus, de buscar respostas e descobrir o aspecto divino em seu interior.

Como pai, você precisa deixar seu filho se perder e chegar a uma terra devastada. Só quando você está morrendo de fome vem a ser como uma criança, buscando o saber da mente universal. Eis a mais dura decisão que um pai, ou uma mãe, precisa enfrentar: deixar o filho sofrer e errar, sabendo que, enquanto uma palavra sábia pode levar o filho à trilha certa, o saber que não vem do próprio interior é temporário como a poça sob o sol escaldante. Pais realmente amorosos resistem e deixam seus filhos lutarem e se ferirem para encontrar seus caminhos, pois sabem que é a única forma de obter verdadeiro saber e desejo de interiorização. Deus faz o mesmo com todos nós.

Esta é a jornada que todos enfrentamos – partir, descobrir, perder-se, sofrer, ter crises, fome, arrepender-se e obter árduo saber, buscar respostas, crescer, chegar à compreensão. Todos passamos por batismos de fogo. Todos precisamos dominar nossos medos. Portanto, você precisa ter sempre novas metas; jamais pode repousar. Ser estático é a única forma segura de minar todas as bênçãos que Deus lhe envia; permanecer em segurança é o caminho certo para o desastre. Na natureza, nada é estático, nem você pode sê-lo. Você precisa permanecer faminto, manter-se na luta, manter-se a evoluir.

Cada um de nós faz uma viagem diferente

Se há tantos tipos de pessoas neste planeta, todos temos algo em comum: todos nós fazemos uma jornada em que passamos de um estado de ser a outro, e nos transformamos no caminho. Cada um de nós tem uma jornada diferente: casamentos, empregos, problemas com drogas, crime, pobreza. Era preciso ter essas experiências antes de compreender que a única verdade se encontra em nosso interior.

Você nunca encontrará o que está buscando fora de si. Os jovens parecem particularmente suscetíveis à mentira de que a verdade pode ser encontrada fora de suas peles. Assim, compram objetos sem limite, experimentam drogas e múltiplos parceiros sexuais, pulam de um emprego a outro; encontram-se constantemente em um modo de busca. Esta é a lei da jornada:

ENQUANTO VOCÊ BUSCAR O QUE DESEJA FORA DE SI MESMO, SUA JORNADA NÃO VAI SE COMPLETAR.

Quando nos tornamos mais velhos, o mais sábio entre nós lentamente percebe que a busca sem fim de gratificação e autodefinição fora de nós mesmos não... nos... faz... felizes! Só então começamos a nos voltar para dentro, aprender a meditar, fazer perguntas, olhar nossos caracteres no espelho e principiar a encontrar as causas de misérias e triunfos em nossa própria mente e espírito. A viagem é diferente para cada um de nós, mas a conclusão é sempre a mesma: para encontrar o poder divino em nós, precisamos deixar o exterior e mover-nos ao interior para ouvirmos a voz divina. As pessoas o desapontarão. As posses o aborrecerão. Mas quando você encontrar o que precisa em seu interior, jamais desapontará a si mesmo. Só então você estará pronto para verdadeiramente experimentar o metafísico.

Se você aspira, inspira

"O espírito é a essência de tudo,
e inspiração significa 'em espírito'."

Como você pode ver, as palavras "espírito" e "inspirar" relacionam-se. Compartilham a raiz latina *spir*, que significa "respirar". Esta é a essência da meditação: respirar vida e existência no que era invisível, primeiro manifestando-o como pensamento, a seguir como presença material. O espírito é a essência de tudo, e *inspiração* significa "em espírito". Você não tem de chegar ao dinheiro e ao sucesso por meio da transpiração, mas da inspiração. Essa inspiração é o espírito trabalhando através de você – anfitrião voluntário e compreensivo – para criar milagres e consagração. A inspiração é o ato do espírito dado, sobre o mundo físico, para causar efeitos – em seu caso, a manifestação física do que Deus determina que deve vir à sua vida.

A inspiração, na forma comum de compreensão – utilizando outros para inspirá-lo, lembre-se das pessoas que realizaram de alguma forma o que você deseja realizar, e lembre-se de seu melhor si-mesmo –, é maravilhosa. Mas a inspiração, no sentido do espírito, acontece quando você se torna um adepto mais experiente no poder do "Eu sou", segue ao mundo das pessoas e exprime a sua afirmação do que você é, e a afirmação passa a acontecer. Outros são inspirados por você e atraídos a seu objetivo e poder.

A descoberta do anjo heróico em você

O anjo respondeu: "Sou Gabriel, o que está sempre na presença de Deus. Fui enviado para lhe transmitir estas boas-novas. Agora você ficará mudo. Não poderá falar até o dia em que isso acontecer, porque não acreditou em minhas palavras, que se cumprirão no tempo oportuno".

LUCAS 1:19-20

"Gabriel" significa "poderoso homem de Deus, herói de Deus". Gabriel é o mensageiro de Deus, e significa o homem em sua realização e demonstração de seu poder enquanto "Eu sou". Ele eleva-se à consciência e manifesta a unicidade, a unidade com Deus. É um homem que regulará o universo.

Gabriel é puro espírito, mas ele também vem a ser nós. Temos o mesmo potencial que ele tem – manifestar uma absoluta unidade com Deus. Gabriel não é um anjo exterior a você, mas o heróico poder do "Eu sou" em seu interior. Deus em você deseja que você se torne um herói. Deus o quer para demonstrar a santidade de seu ser.

Gabriel era um anjo sobre anjos; era um anjo-mestre. Da mesma forma, você pode ter maestria sobre seus pensamentos. E também pode ter pensamentos-mestres: os pensamentos, e modelos de pensar, que controlam os pensamentos abaixo deles. Quando você tiver esses pensamentos-mestres, terá evoluído a um nível mais elevado de concentração e controle.

Como você pode manifestar este avançado nível de controle sobre seus próprios pensamentos? Isso leva tempo e exige prática, mas eis alguns caminhos:

- Desenvolva as habilidades da meditação. Aprenda a levar sua mente, sem demora, a um estado de tranqüilidade, quietude; este estado é um receptor da palavra divina.
- Desenvolva os "hábitos" de seu cérebro, de forma a olhar, quando desejar algo, não para fora, mas para seu interior. Como você pode manifestar o que deseja em sua própria vontade e inspiração?
- Associe-se apenas a pessoas que compartilham de seu caminho ascendente. As pessoas com quem anda definirão quem você é e para onde vai.
- Construa a mente como um músculo, recordando-se de que você é as bênçãos que correntemente recebe na vida – os amigos, a família, as posses, as idéias.

Quando você chegar ao ponto de evoluir como um Gabriel, em pensamento e mente, você será uma Presença. A presença dinâmica do espírito divino permite tudo e torna a si conhecido para sempre. Esta é a energia que você irradiará, e ela o habilitará a comandar seus pensamentos de maneira que se manifestem em sua experiência material, e eles os manifestarão. Este é o pleno potencial que lhe é prometido.

***

RESUMO

- Você precisa ceder sua mente a um poder mais elevado para obter o que deseja.
- O que você deseja e aspira já se encontra na Terra, plenamente formado.

- A manifestação consome tempo.
- Deus o testará enquanto você espera pela manifestação.
- Você não será saciado antes de sentir fome.
- Todos nós precisamos fazer uma jornada desafiadora, rumo à auto-realização.
- Se você busca o que deseja no exterior, sua busca não terá fim.
- A inspiração é o seu poder para criar.
- Você possui um anjo heróico em seu interior.

CAPÍTULO 9

A LEI DA UNIDADE

Quando você caminha para Deus como uma pequena criança – aberta, animada, pronta a seguir em qualquer direção –, descobre o caminho que Deus projetou para você. Portanto, abra sua mente, encontre o que o anima e movimenta a paixão em seu interior. O intelecto intervém no espírito. Levará você a perguntar a Deus como seu desejo será feito, o que não lhe cabe. Seja paciente, calmo, deixe Deus fazer seu trabalho. Se você caminhar para ele como uma criança, permitir-se experimentar a maravilha do espírito e imaginar todas as possibilidades que podem se manifestar, suscitará grandes eventos.

Anteriormente, falamos sobre sua relação e semelhança com o anjo Gabriel, que apareceu a Maria e disse-lhe que ela se tornaria a mãe de Jesus. Neste capítulo, exploraremos a natureza de Gabriel e veremos como abraçar plenamente o Gabriel existente dentro de você e chegar à unicidade, à unidade com Deus.

A descoberta do Gabriel em você

Deus espera que você descubra e trabalhe a natureza divina e o heroísmo em seu interior. Para descobrir o Gabriel em seu interior, você precisa permanecer na presença de Deus. Gabriel é o mensageiro da paz e da restauração, o guardião do tesouro sagrado. Gabriel é um dos grandes espíritos de Deus, um parceiro de Deus que dá forma ao universo e guia a passagem do homem pelo mundo material.

Você e Gabriel não são diferentes em essência. A única coisa que os separa é a carne. O *status* de Gabriel como puro espírito permite-lhe permanecer na presença divina. Mas você também é espírito a caminhar por toda parte, sob o manto da carne; isso significa que você tem também o potencial para permanecer diante de Deus. Se você se mantiver aberto à palavra espiritual, também permanecerá na presença divina. Você está em uma jornada para tornar-se como Gabriel – um homem de Deus, permanecendo na presença divina e reivindicando a natureza divina. Os anjos são os mensageiros do espírito.

Gabriel significa a realização, pelo homem, de seu estado de "Eu sou". De uma forma muito real, Gabriel é homem plenamente realizado! Deus o quer para significar o estado de "Eu sou", e manifestar o poder de sua natureza de "Eu sou" como deus. Deus o quer para manifestar seu poder e estar como deus com ele. Para fazê-lo, você precisa tornar-se como Gabriel, um herói de Deus trabalhando plenamente em espírito, com seu intelecto servindo ao espírito.

Você é a mais plena expressão da palavra divina no mundo. Deus deseja torná-lo pronto para reivindicar esse direito natural, essa herança, permanecendo em sua presença e o consagrando.

Há um Gabriel em sua vida?

Deus lhe enviará um mensageiro, um homem divino, um Gabriel, para levá-lo a compreender a visão que o espera. Há uma visão esperando por você. Está pronto para vê-la? Deus às vezes lhe trará um homem divino – uma pessoa real, não um anjo – para mostrar o que virá a você. Este é o seu Gabriel, o seu mensageiro em carne e espírito, o anunciador do que está por vir. Seu Gabriel pode assumir a forma de qualquer pessoa em sua vida: um amigo, um pastor, um parente, um estrangeiro.

A vida acontece em tempo próprio, determinado por Deus em seu saber. Algumas vezes, você se encontrará em certo momento da vida em que precisará compreender a visão divina de seu caminho. Assim, Deus enviará um Gabriel para auxiliá-lo a perceber essa visão. Todos nós precisamos de ajuda, de tempos em tempos, para reconhecer o que Deus está falando, e para interpretar a informação espiritual. É então que seu Gabriel intervém.

Quando você cria relações, ganha relações

A verdade sobre Gabriel ilustra um princípio vital sobre o universo:

MUITO DO QUE VOCÊ PODE REALIZAR DEPENDE DE QUEM E DO QUE VOCÊ PODE ACESSAR.

O acesso a pessoas, poder, influência e, mais importante, Deus, determina até onde você pode ir, o que lhe acontecerá e quanto terá de trabalhar para manifestar o que deseja. Algumas pessoas são abençoadas com acessos e relações. Ao que você tem acesso – quanto acesso tem a Deus – determina a qualidade do favor em sua vida.

Você pode obter acesso para as pessoas de que precisa? Isso sempre dependerá de quanto acesso você cria para os outros. Se não está claro, deixe-me explicar: as operações do universo, em uma economia de *reciprocidade*, na qual o que você envia retorna a você, habitualmente multiplicam-se. Se você enviar atenção negativa, as pessoas e as ações negativas surgirão em sua vida. Se você criar acesso para outros, o acesso retornará a você, da mesma forma. Esta é a regra impenetrável da economia cósmica, e mesmo Deus se limita a obedecer a ela.

Por exemplo, sei de um conselheiro financeiro que, como único esforço para desenvolver seus negócios, simplesmente trabalha para conectar novas pessoas na vizinhança, através de coisas de que elas precisam e nada têm a ver com finanças: cuidados com as crianças, empreiteiros etc. Jamais lhes fala algo sobre planejamento financeiro ou investimentos. Finalmente, no momento certo, menciona ser um planejador, e a imensa maioria dessas pessoas lhe entrega seus negócios. Por quê? Porque ele obtém acesso sem se preocupar com recompensas, e assim conquista confiança.

Sei de outro conselheiro financeiro, membro de uma igreja a qual pagava 12% pela hipoteca, o que era um roubo. Ele enviou os líderes da igreja a um banco, onde conseguiram refinanciar o empréstimo por 5%. Assim, poupou à igreja centenas de milhares de dólares, sem receber nada em troca. Mas quando os membros da congregação precisarem de orientação financeira no futuro, a quem você pensa que entregarão seus negócios? Acertou.

"Quando você cria relações entre as pessoas sem pensar em recompensa, mais relações retornam a você."

Dê e crie acesso e receberá favor. Criando relações entre as pessoas sem pensar em recompensa, mais relações retornam a você. Transforme-se em uma fonte de acesso! Assim, criará riqueza, confiança, energia, possibilidade e favor. Esteja presente nos melhores interesses das outras pessoas; não veja o que pode conseguir; veja o que pode doar. Saber, idéias, orientações, conselhos, compaixão, conexões e relações não lhe custam nada.

Conheça seu destino

Você tem um divino destino a reivindicar, um destino lançado a você desde a Criação: permanecer ao lado direito de Deus e ajudá-lo a dar forma ao cosmos. Este é seu verdadeiro destino; tudo o mais é ilusão ou erro de percepção. Seu verdadeiro destino é ser co-criador com o criador.

Em mente e espírito, Deus é sem limites, mas, ao criar o plano material da existência, deu limites a si mesmo. Fez-se a si mesmo dependente do homem – de você –, da mesma forma como somos dependentes dele. Sem Deus, você nada pode fazer espiritualmente. Sem você, Deus nada pode fazer materialmente. O nosso relacionamento é de necessidade mútua. Deus trabalha com o homem de forma a trazer manifestação. Você é o parceiro júnior de Deus.

Para muitos, esta é uma idéia difícil de compreender. Alguns cristãos, mesmo os que foram salvos, sentem-se mais confortáveis com a idéia de serem escravos do pecado, esperando Deus para julgá-los. Assim, retiram-se para uma confortável posição, que os livra de fazer escolhas. Esta é a "defesa impassível". E sem valor. Você jamais realizará o que verdadeiramente pode realizar enquanto interiorizar a idéia de ser *inferior a Deus*.

Até você compreender seu verdadeiro destino, caminhará em um destino falso. Antes de compreender o âmago, o coração de seu ser, não compreenderá a sua criação do ser. Seu verdadeiro destino é ser "Eu sou", ser um criador espiritual que se torna as coisas que deseja manifestar, e as realiza na realidade física. Você nunca perderá peso se disser: "Tenho de perder peso". Só perderá peso quando disser "Eu sou magro", e comer de acordo. Você não pode realizar o que tem de conseguir. Só pode realizar o que "Eu sou".

A LEI DA UNIDADE

Como você está formando o mundo?

Você tem o incrível poder de dar forma ao mundo, conforme seus pensamentos e sua visão. Se você duvida, veja o trabalho das mãos humanas: criamos ilhas a partir do nada, construímos pontes que ligam países, construímos túneis sob os oceanos. Estamos mesmo mudando o clima do planeta, para melhor ou para pior. Todas essas mudanças começaram na mente e no espírito humano. Você tem o poder de mobilizar e inspirar pessoas, da mesma forma como Deus o faz. Deus trabalha através de você, mas também o inspira a trabalhar com seus próprios poderes. E neste momento, como você está influenciando as pessoas e as coisas com os seus pensamentos?

Quando você se encontra em seu destino, Deus trabalha com você. Se ele não trabalha com você, você não se encontra na filiação. Não se encontra na "unicidade", no ser um com Deus. Deixe-me dar um passo a mais:

SE O SUPREMO NÃO ESTÁ TRABALHANDO COM VOCÊ,
VOCÊ ESTÁ TRABALHANDO CONTRA ELE.

Se você não está alinhado com seu destino divino, não está utilizando seu poder. Torna-se um agente de negatividade e ignorância. Deus só pode ingressar na Terra através do homem. Deus precisa de você, tanto quanto você precisa dele.

Você é a água ou a vaga?

"Quando você vem a ser a palavra e a verdade divina, surgem sinais para mostrar-lhe que Deus caminha e trabalha a seu lado."

Se quiser trabalhar com Deus, você precisa ser a palavra viva de Deus, falar a verdade divina. Você precisa fechar a Bíblia e *ser* a verdade de Deus. Só então Deus trabalhará através de você. Você precisa seguir adiante em sua realização do "Eu sou", para Deus confirmar seu trabalho com sinais e maravilhas. Quando você vem a ser a palavra e a verdade divina, surgem sinais para mostrar-lhe que Deus caminha e trabalha a seu lado.

Como você vem a ser "Eu sou"? É tão simples, e tão cósmico, quanto o pensamento: você precisa *saber* quais os efeitos e as coisas que busca. Não basta simplesmente afirmar "Eu sou" a casa, o carro, a conta bancária. Que bem haveria nisso, se você não o acreditasse realmente? Você precisa saber, por seu coração e espírito, já ser esses objetos – já ser qualquer objeto que deseja manifestar, mesmo se ele ainda não apareceu à sua experiência visível. É isso o que Deus faz. Ele *é* as coisas que cria; elas existem em sua mente muito antes que as manifeste com sua palavra. Você precisa fazer o mesmo, se caminha ao lado de Deus.

Deus possui um sistema que impôs ao universo, e você não pode controlar a natureza desse sistema. Você não controla as leis do pensamento; pode escolher segui-las, ou desafiá-las. Elas são como a inspiração, e o pensamento divino é um oceano, e todos nós fazemos parte desse oceano. Se você flutua conforme o movimento do oceano, vem a ser uma onda suave a se elevar, descender e se mover para onde o oceano o leva, sem agitação ou violência. Mas se não flutuamos no oceano da inspiração, somos vagas ao vento. As vagas se agitam no oceano, que é a grande fonte de inspiração. Se você se afasta de Deus, separa-se do oceano. Vem a ser uma vaga a rebentar na areia da praia.

Que evento em sua vida pode estar lhe separando do oceano de inspiração? O que você pode fazer para se religar à divina unidade com o supremo?

A lei da unidade

Seu sentido é ser um com Deus. É simples. Você foi criado por Deus; é feito da mesma substância de Deus; apenas se exterioriza neste mundo. O homem é Deus exteriorizado em carne. E enquanto vivemos e ganhamos experiências, também ganhamos um inflacionado senso de si, um senso de "tudo eu", "tudo isto sou eu", que nos separa da unidade natural e inata que podemos experimentar com e em Deus. Não há verdadeira separação; permanecemos um com Deus em espírito, mas se não o sabemos, ou não o aceitamos, é como se estivéssemos separados. A unidade só importa quando você pode utilizá-la para manifestar a vontade divina em sua vida.

Assim, Deus algumas vezes o manterá em silêncio, de forma que ele possa trabalhar – de forma que você possa estar em unidade. Pensamos saber o que é real, e o que é Deus. Mas raramente o sabemos. Nosso intelecto "sabe-tudo" freqüentemente se transpõe no caminho do que é verdadeiramente real. Às vezes, permanecer mudo é a única forma de uma pessoa que ouve uma profecia poder caminhar por tempos de incerteza, sem a dúvida descarrilar a profecia. Como já dissemos, quando você questiona ou duvida da profecia, envia-a para longe de si; separa-se da uni(ci)dade.

A lei da unidade é esta:

"EU SOU" REAFIRMA A SUA UNIDADE COM DEUS,
E CAPACITA-O A MANIFESTAR.

Dê uma chance à paz

Pensamentos iluminadores estariam sempre presentes, seriam pensamentos constantes, se nós os pudéssemos ver. Quando você se encontra em agitação, não pode ver o pensamento iluminador que o conecta à palavra divina. Mas se você sabe de sua presença, pode ficar em paz, deixar a profecia trabalhar e ver o pensamento iluminador, no tempo certo.

Ser um com Deus requer paz consigo mesmo. Nossas mentes são incríveis instrumentos, são simultaneamente nosso maior bem e nossa maior responsabilidade, mas os mesmos engenhos de pensamento que nos permitem planejar e criar objetos maravilhosos, como naves cósmicas, óperas, computadores, também lançam nossas mentes ao caos por intermédio de dúvidas, detalhes, tristezas, lembranças, cobiça, ego. Nossos cérebros se tornam ruidosos, ocupados e caóticos, e essa explosão amortece a voz divina a falar-nos, lembrar-nos de nossa natureza divina. E há uma verdade elementar sobre Deus:

DEUS NUNCA ELEVA A VOZ.

Ele não precisa. Não o deseja. Não se interessa em gritar para fazer-se ouvir; deseja que você *queira* ouvir e busque sua palavra. Para ouvi-lo, você precisa agir para aquietar a mente e ficar em paz. Só então ouvirá Deus falando a seu espírito, suave e firmemente. Às vezes, você precisa estar em paz, meditar e permanecer em um lugar onde mesmo tempos violentos não o possam mover. Então você estará em posição de deixar a profecia trabalhar.

Isso requer prática e confiança. Muitas pessoas não se sentem confortáveis "deixando as coisas acontecerem". Desejam provocar, forçar a ação, tomar providências. Tudo bem, quando você tem coisas urgentes, assuntos pendentes, mas esta não é a forma de trabalhar com Deus. Não é a forma de manifestar o "Eu sou". Estar em paz, e ser um com Deus, significa ir além dessa tendência a manipular os eventos, e deixar o mundo flutuar a seu redor. Isso abre caminho para Deus trabalhar em você.

"Você pode ter a seu redor apenas pessoas que aumentam a sua paz."

Aquelas que não turvarão as águas de sua mente, nem descarrilarão o trabalho de Deus em você. Se as pessoas não lhe trazem paz, elas não são de Deus.

O que está no interior, terminará no exterior

Quando você alcançar o senso de paz no qual Deus pode falar e você pode ouvir, poderá religar-se à unidade, que é a sua herança. Então, o que acontecer internamente em você poderá exprimir-se exteriormente. Esta é a natureza do universo: tudo começa internamente, na mente e se exprime materialmente através do espírito. Você não pode encontrar felicidade no exterior de si mesmo. Só pode encontrá-la internamente. Se você passar todo o tempo caçando possibilidades no mundo material, chegará ao desespero e à necessidade, isto é, ao inferno.

Você não pode realizar nada exterior a si mesmo. Jamais se case por estar sozinho, pois continuará sozinho, não importa o que faça. Só estará apto a casar-se quando amar antes e acima de tudo a si mesmo. Nada externo a você pode fazê-lo feliz. Enquanto necessitar de alguém, não poderá ser feliz com ninguém. Se algo externo a você puder fazê-lo feliz, poderá fazê-lo infeliz. E você não deve ceder a esse poder de fazê-lo infeliz.

Só Deus pode ter acesso à sua felicidade ou infelicidade. Se algo for externo a Deus, será uma idolatria. Compreenda:

DEUS TESTARÁ CADA COISA OU PESSOA DE SUA VIDA, PARA VER SE HAVERÁ UM ENCONTRO, OU UM DESENCONTRO.

Se vier a ser um desencontro, livre-se. Não é de Deus. Não está ali para você o encontrar; está ali para perdê-lo.

Deixe-os encontrarem seus próprios caminhos

O paradoxo das leis do pensamento é que, mesmo se você puder obter e dominar esse conhecimento, não pode fazer ninguém mais dominá-lo. Você não tem escolha, salvo deixar as pessoas encontrarem os seus próprios caminhos e não tentar protegê-las de seus erros e sofrimentos. De forma semelhante, Deus lança obstáculos e desenha curvas em seu caminho, quando você se sente confortável: ele sabe que os seres humanos aprendem as melhores lições pela privação. Se o caminho para a felicidade está em seu interior, seja generoso o bastante para deixar os outros trilharem as suas próprias sendas.

Isso é egoísmo? Não. Egoísmo é não deixar as pessoas serem elas mesmas, não as deixar ter a própria jornada. Todas as pessoas precisam fazer sua viagem e encontrar a natureza divina de Deus. Precisam ter as próprias lutas e encontrar as próprias veredas, mesmo se levar anos e custar muito sofrimento. Você não pode mudar o espírito de outrem. Nem Deus o pode. Ele se limita às suas próprias leis. Uma pessoa só pode transformar a própria mente e o próprio espírito.

Olhe para seu espírito e venha a ser uma inspiração para os outros. Lembre-se, caminhar em inspiração é a forma de encontrar o que ama e seu objetivo diante de Deus. Se não seguirmos nossas inspirações, submergimos no desespero. Inspiração é imaginação, a atividade espiritual trabalhando na mente. O desespero é a semente da necessidade. Se você não se inspirar e não criar, *devirá* desespero. E o desespero é a luxúria da carne, mas não se satisfaz essa luxúria com coisas materiais. Cuidado para não cair em um ciclo infinito de procura material.

Seu sentido é esculpir a criação

Deus colocou o poder da criação em seu interior. Ele busca guiá-lo a esse poder, mas não moldar o que você faz com ele. Portanto, você é um ser soberano e pode dar continuidade ao trabalho divino, e dar forma ao mundo com sua própria visão, bem como Deus o moldou com a dele. Você é o herdeiro do poder criativo de Deus, se o aceitar.

Se abraçar esse poder, descobrir-se-á mais inspirado quando estiver criando. Só será feliz enquanto for o criador. Criar se tornará um hábito, parte de seu DNA, pedaço do pão de cada dia, a respiração de sua vida. Eis por que *recriação* pode ser pronunciaada "recreação". Você está sempre criando, mesmo quando está brincando. Por isso, o sexo é divertido. Ele é *pro-criação*.

A vida não se alicerça no conforto, mas na criação. Seu significado é criar incessantemente, infinitamente, sempre em busca de outros horizontes. Por que celebramos as mentes incansáveis dos exploradores e descobridores? Não só por eles criarem novas tecnologias, ou encontrarem novas espécies de animais. Mas também por eles incorporarem o melhor de nós, o ilimitado espírito criativo com que Deus nos presenteou. Você é um descobridor!

E um escultor. O escultor não entalha uma forma exterior à pedra; vê a forma já existente no interior da pedra, então abstrai tudo o que não é aquela forma. Molda a pedra com a percepção. Os movimentos de mãos e instrumentos são incidentais, inevitáveis. Quando você é um com Deus, pode agir como o escultor.

***

RESUMO

- Em sua vida, há um Gabriel com uma mensagem para você.
- Para obter acesso, você precisa criá-lo.
- Você tem o destino divino de ser um com Deus.
- Você só ouvirá Deus quando sua mente estiver em paz.
- Você não pode encontrar felicidade exterior a si mesmo.
- Cada um precisa caminhar sua própria via para a consciência.
- Você é um escultor da criação.

CAPÍTULO 10

A LEI DA PREDESTINAÇÃO

Quantas manifestações o universo tem em estoque, depende de você, como já dissemos. Mas não cometa o erro de deixar Deus fora de cena. Deus precisa estar por trás de tudo o que você faz, ou você navegará rumo aos recifes. Deus é o guia, a força a dirigir – a visão sublime por trás de toda atividade humana. Se você não seguir a visão divina, seguirá sua própria visão terrestre, carnal por natureza, perecível e corrupta.

Para as pessoas obedecerem à lei divina precisa haver uma revelação. Quando as pessoas não aceitam a orientação divina, tornam-se selvagens. Sem a visão e o objetivo divino, não há direção. As pessoas não podem ver e terminam seguindo qualquer rumo. Quando uma civilização oprime um povo, ela remove de seu meio os videntes ou profetas. Esta é a marca de toda sociedade opressora, dos tempos de Cristo à Alemanha nazista, que expulsou de seu meio, ou executou, todos os artistas e intelectuais. Os videntes e os visionários são os olhos do povo. Sem eles, o povo se torna cego e torna-se mais fácil levá-lo para longe de Deus.

Onde há ignorância de Deus o crime galopa de forma selvagem, o vício predomina e a sociedade não avança. Não há missão principal, nem caminho para a luz. Só há caos. Sem uma redentora revelação divina, o povo perece espiritualmente. Assim, é vital para você ser capaz de reconhecer se uma visão é divina ou não. O meio de testar se uma visão é divina, ou não, é verificar se nela há um elemento redentor. Se não houver, não é divina. Sua visão ou profecia divina terá um componente que o levará rumo ao espírito e à sua plena realização como deus. Deus nunca lhe enviará algo que o possa levar para longe dele;

no interior da visão divina sempre há esperança. Se em uma visão não há esperança, afaste-a de si.

O câncer é contagioso

Como você pode ver, andar pela senda rumo à própria divindade significa estimar a necessidade de afirmar o *status* "Eu sou" e tornar-se o que se deseja sendo obediente e receptivo à visão divina. Não é fácil atravessar essa senda, e todos nós já estimamos erroneamente, desequilibramo-nos e caímos, em um momento ou outro.

Se você cair, precisa fazer algo que pode ser muito difícil: verificar as vias por onde trouxe à sua vida algo que o afasta de Deus. Se desejar saber o que há em você, verifique o que há no exterior. Às vezes, essa descoberta pode ser muito dolorosa, pois você precisa verificar o que fez. Precisa assumir a responsabilidade pelas escolhas que fez e verificar quais o levaram a cair: más pessoas, ocasiões inoportunas, crime e outros infortúnios. É importante passar pela dor de verificar o que fez, pois só então poderá rejeitar as pessoas que vierem a contaminar a sua vida.

Nunca deixe ninguém lhe passar o câncer. O câncer espiritual é uma enfermidade contagiosa. Contamina-o com pensamentos negativos, derrotismo e cinismo em relação ao que você pode realizar e ao que Deus tem em estoque para você. Ninguém faz escolhas por você; você faz as próprias escolhas. Você é o responsável por provocar os efeitos que aparecem em sua vida, e esses efeitos definem a sua trajetória. Seja corajoso o bastante para olhar ao redor e ver o câncer que cresce em seu mundo. Então atravesse-o e siga adiante. Ele já não lhe concerne. Sempre se lembre:

VOCÊ É CHAMADO PARA DOAR E AUXILIAR OS OUTROS,
MAS NÃO PODE AJUDAR OS QUE SE RECUSAM A VER.
ESTES APENAS VÃO SUBMERGI-LO COM ELES.

Os perigos do ego

Por que algumas pessoas desejariam submergi-lo e levá-lo para longe de Deus? Porque quando você se torna consciente de seu eu divino e elevado vem a ser um perigo, pois pode seguir adiante e realizar tudo o que desejar. Há pessoas que são demoníacas, têm o egoísmo de mantê-lo ignorante de sua divindade, inconsciente do "Eu sou", porque isso lhes dá poder temporal sobre você neste mundo, ou porque temem as implicações de você chegar a Deus e alcançar o sucesso, pois isto as lembrará de que falharam ao tentar fazê-lo. A consciência torna-o perigoso para as pessoas inconscientes.

Alguns são conscientes de quem e do que são e têm um objetivo em mente. Outros não são conscientes. A profecia é despertar a consciência das pessoas para a parte mais elevada de seu ser, de seu interior, e para as intenções divinas. Mas assim como tudo consiste em equilibrar-se, quando você está desperto para a parte mais elevada de seu ser, de seu interior, precisa evitar cuidadosamente as armadilhas do ego. O ego é uma serpente esperta e encontra-se presente há mais tempo que você; as astúcias do ego são sutis e evitá-las exige aguda percepção e muita meditação.

Compreenda: Deus tem um ego. Todos os seres conscientes o têm. Parte do objetivo do ego é lembrar-nos de nosso valor e poder. Mas o ego caminha por uma linha tênue, e quando você a atravessa e pensa saber mais que o pai, descarrila seu próprio trem. Você precisa abandonar o ego em sua viagem à plena realização espiritual. O ego é seu parceiro mudo e vil.

O ego volta-se contra a própria mente e contra o objetivo divino. Ele é seu intelecto lutando pela primazia *versus* Deus. O ego pode até vencer; Deus não lhe impedirá a vitória. Mas sob o comando do ego, você não se conectará com o Deus residente em seu íntimo. Mesmo as letras "e-g-o" podem conter outras significações:

EASING GOD OUT[13].
EARTH GUIDE ONLY.
ETCHING GOD OUT.

A forma certa de orgulhar-se

Você está sempre dançando um bailado de dualidade com seu ego, e essa dança distancia-o de Deus. Você não pode se dividir em duas pessoas, dois eus – um ser espiritual e um ser intelectual. Precisa

---

[13] "Desembaraçar-se de Deus. / Guiar-se sozinho pela Terra. / Pintar sem Deus." (N. do T.)

colocar o intelecto a serviço do espírito. Assim, Deus desperta em você e move seu espírito.

"O ego é como uma barreira que impede Deus de lhe dar o que deseja."

Quando o fizer, seus inimigos vão despertar. Vão levantar suas mãos e você poderá bani-los. O Deus em você seguirá adiante e você poderá falar com a voz de Deus. Ele estará pronto a trabalhar através de você. O ego serve como barreira impedindo Deus de lhe dar o que deseja. Se removê-lo, Deus pode trabalhar.

Isso nos leva ao orgulho como tema. O orgulho é malvisto pela maioria dos pensamentos religiosos tradicionais – dizem que ele leva ao abismo e tudo o mais. O orgulho é um dos sete pecados capitais. Mas não há nada errado na forma certa de se orgulhar, no orgulho que o leva a recusar-se a falhar, impulsiona-o a cuidar do corpo, leva-o ao sucesso. Este é o "orgulho positivo". O orgulho negativo acontece quando você não consegue ultrapassar o ego e ceder a Deus o leme de seu navio.

Você precisa ter humildade perante Deus para permitir ao espírito predominar, mas pode sentir orgulho pelo fato de ser co-criador e trabalhar com a visão divina. Novamente vemos a importância do *equilíbrio*, ao viver a vida como co-criador! Se você viver apenas no orgulho, não desejará saber o que o reino espiritual está falando. Só se interessará por aquilo que o reino físico lhe conta. Dessa forma, você pode ter a natureza divina, mas não agir segundo tal natureza.

Quando você deseja fazer coisas a seu modo, separa-se de sua verdadeira natureza. Separa-se de Deus. Quando deseja afirmar as próprias idéias sobre a visão divina, o ego está no comando. Deixe o ego partir, e Deus em você despertará. Seu ego o ensurdece para a profecia divina em seu espírito. Deixe o ego partir e poderá ouvir a voz de Deus falando em seu espírito. Você e Deus estão reunidos, e isso é tão bom!

Não se apaixone pelo desejo

É preciso estar atento a seu foco e concentrar-se no que deseja manifestar. Você só se tornará rico quando se tornar atento e ativo.

Igualmente importante é não se varar de desejo, não se deixar apaixonar pelo desejo. Já falamos sobre o tema, e você sabe que ter um desejo de manifestar algo é o primeiro passo para trazê-lo à existência corpórea. Isso é certo, mas o que você não deve fazer é varar-se, *apaixonar-se* pelo desejo – preocupar-se com seu desejo a ponto de não fazer o trabalho necessário para manifestá-lo. O desejo é indolente e preguiçoso. Quando uma pessoa se apaixona pelo desejo, torna-se ociosa. A atividade e o trabalho persistente são as chaves. A alma da pessoa ativa se tornará farta, enquanto a alma do sujeito ambicioso morrerá de fome.

Ser ativo significa que você encontrou algo de valor em que se concentrar; assim se fixa no objeto sem descanso e leva-o à manifestação material, paciente e firmemente. Os milagres raramente acontecem em instantes; levam anos.

Respeite para obter respeito. Descubra os objetos que deseja manifestar e respeite-os, mantendo neles uma concentração precisa como um raio *laser*. O mesmo respeito será dado aos que agem para auxiliá-lo a manifestar as suas metas. Tornando-se ativo, você atrai pessoas que podem lhe ajudar. O homem ativo tem valor para merecer a companhia de reis. Se você fizer trabalhos rudimentares, estará na companhia de homens baixos e obscuros.

Seja capaz de distanciar-se

Tudo isso significa que você precisa ter a percepção e a profundidade de discernimento necessárias para a escolha de suas metas, bem como para ultrapassar e deixar para trás os objetos e as pessoas que não expressam essas metas, ou não servem a elas. Você precisa ser capaz de seguir adiante e *distanciar-se*. Leia e recorde esta máxima:

DISTANCIAR-SE DE ALGO SIGNIFICA QUE VOCÊ O DOMINOU.

Se você pode se distanciar de algo ou alguém, pode deixá-lo partir. Ele já não tem poder sobre você; você tem poder sobre ele. Seguir, distanciar-se, é um sinal de maestria, domínio. Jesus seguia a toda parte, como você sabe. Correr é sinal de desespero. Mestres não precisam apressar-se; sabem que todas as coisas boas fluem deles e esperarão pelo tempo certo. Seguir em espírito significa não viver para realizar os prazeres da carne. Seguir é mover-se pela mente, não pelo instinto. Assim, quem deve prevalecer é a sua natureza mais elevada, e não seu apetite.

Todo o conjunto do presente capítulo chama-o a desenvolver a sabedoria, a consciência e a espécie de percepção penetrante que é a marca do espírito. Os profetas têm essa espécie de percepção e assim vêem não apenas as coisas, mas as *significações* das coisas. Podem perceber não apenas o que algo é, mas o que *significa*. Este é um consagrado modo de pensar que você precisa dominar, antes de poder se beneficiar plenamente das leis do pensamento.

O que lhe peço é para lançar-se a caminho de ser sagaz como a serpente. Esqueça os relatos bíblicos sobre a serpente como demônio; não é disso que estamos falando. Em outro sentido, pense na natureza da serpente. Ela não corre. Concentra-se em sua presa, espera o momento certo, então ataca. Não age apressadamente. Os mestres operam com sabedoria.

O cajado de Moisés transformou-se em serpente quando ele confrontou o faraó com a ordem de Deus sobre a libertação dos hebreus da escravidão e, quando os magos da corte egípcia também transformaram seus cajados em serpentes, a de Moisés devorou-as[14]. Por quê? Porque a concentração da serpente de Moisés era maior que a das serpentes dos magos. Ser sagaz como as serpentes significa ter a concentração da serpente. Se você esperar durante muito tempo pelo que deseja, o objeto almejado permanecerá adormecido à sua frente, é preciso manter firme seus pensamentos.

O que você deseja já está esperando por você

O seu desejo impulsiona os engenhos do universo a iniciar a manifestação, afirmar o "Eu sou" e torna-se o que você busca, de forma que as rodas e engrenagens comecem a se mover. A concentração ativa mantém o engenho em bom funcionamento. Mas na verdade, o que você deseja já existe; o fluxo temporal que o carrega simplesmente ainda não atingiu o objeto desejado.

---

[14] Êxodo 7:9-12. (N. do T.)

A sua ambição é a sua verdadeira crença. O que você deseja é a sua verdadeira natureza. Nem suas palavras, nem mesmo seus pensamentos, refletem quem você realmente é. Somos o que desejamos. O que você deseja? O físico, a substância deste mundo, ou a do espírito? Isso define não somente quem você é, mas para onde vai.

Se você sabe que merece um objeto, ele lhe será dado. Se você puder ir ao lugar onde domina e controla o que deseja, ele virá. O desejo é gravado na argila, e o mundo manifesta-o em pedra. Mas você precisa saber que merece o que deseja. Lembre-se, uma dúvida ou uma palavra podem abortar sua visão, enquanto ela permanece no ventre. Eis um fato surpreendente:

SEMPRE OBTEMOS O QUE MERECEMOS.

Se algo de ruim lhe acontecesse, você poderia dizer: "Mas eu vou à igreja e sou uma boa pessoa, não mereci isto!" Na verdade, merecia, pois algo em suas palavras ou pensamentos o trouxe a você. Todos nós obtemos o que merecemos: consagração ou desapontamento. Você precisa estar pleno do sentimento de merecer o objeto desejado, ou ele não se manifestará. Ao mesmo tempo, precisa banir pensamentos sobre o que você não merece, ou inadvertidamente atrairá infortúnios. Os apaixonados precisam manter suas bênçãos próximas.

Envolto em silêncio e invisível

Em *O milagre de pensar certo*[15], lemos: o que desejamos manifestar já está esperando por nós; apenas não podemos perceber ainda. Isso porque não fizemos o trabalho necessário para trazê-lo à nossa experiência. Mas isso não o torna menos real. Portanto, você precisa treinar a mente e o espírito para concentrar-se, seguir poderosamente e ouvir Deus em paz.

As coisas que você almeja estão lhe aguardando. *Sempre* o estiveram esperando para atraí-las a você. Esta é a lei da predestinação:

O QUE VOCÊ ESPERA, NA VERDADE ESPERA POR VOCÊ.

---

[15] O. S. Marden, *The miracle of right thought*. (N. do T.)

As coisas que Deus lhe destina – a riqueza, a casa, os negócios, a vida que deseja – sempre existiram, e neste momento repousam na outra extremidade da linha temporal em que todos caminhamos, esperando você atraí-las. O futuro é a destinação para todos nós, e esta destinação já foi previamente determinada por Deus. Ela é, literalmente, "pre-destinação". E mais, você sempre *soube* para onde se *destina*. Quando desperta para a sua destinação, ela espera que você saiba que a merece e se transforme nela. Você não pode atraí-la antes de se transformar nela. Fale "Eu sou"!

"Seus mais elevados sonhos e aspirações já tomaram forma no reino do espírito..."

Esta é uma idéia incrível: seus mais elevados sonhos e aspirações já tomaram forma no reino do espírito e foram criados antes de existir o tempo, de forma que não se acorrentam às limitações temporais, diversamente de você neste reino físico. Assim como Deus criou tudo o que é e será, em sua mente, antes de levá-lo à manifestação física através da palavra, tudo o que você deseja está a caminho, no tempo, esperando que o traga à existência, com a sua palavra... quando estiver pronto para fazê-lo.

Mas antes de manifestá-lo, você precisa ter a percepção de saber o que é – e como se chama – tudo o que você deseja. Você nada poderá criar se não conhecer a natureza do que vai criar. Chamar, ou nomear, tem enorme poder, como já dissemos. Quando você puder se tornar a coisa desejada (autopercepção) e nomeá-la, trazer a si (percepção de suas metas), será capaz de atrair o invisível e levá-lo à existência material. Você será como um planeta com força gravitacional a atrair somente sucesso, boas pessoas e bênçãos.

Algo grande está buscando ser seu

O que você deseja está envolto em silêncio e invisível, até você possuir a fé, a paixão e o espírito para torná-lo visível e audível. Antes de você perceber em espírito, não poderá ver o que espera por você. Ele tem a sua voz e a sua forma, e não pertence a ninguém mais. Deus decretou que é seu, e não transferirá o título a nenhum outro. Mas você tem de chamar o que é seu. Algo grande está buscando ser seu. Viva a merecer o que deseja, e ele virá. Viva em espírito, sem temor.

* * *

RESUMO

- A revelação divina sempre será redentora.
- O câncer de outras pessoas é contagioso.
- O ego bloqueia o que Deus deseja para você.
- Você precisa ser humilde o suficiente para deixar Deus no comando.
- Apaixonar-se pelo desejo é indolência; deseje, então aja.
- Você sempre obtém o que merece.
- O que você deseja já espera por você, silencioso e invisível.

CAPÍTULO 11

A LEI DA HUMILDADE

Falamos um pouco sobre a humildade, sobre a importância de ceder o ego, e deixar Deus comandar as suas ações e dirigir os seus pensamentos. Mas a noção de deixar o ego, bem como a de equilibrar o orgulho, ou suprimi-lo, é tão vasta que nos solicita mergulhos mais profundos. De fato, vamos falar sobre a lei da humildade, e como ela pode ajudá-lo a abrir-se completamente ao que Deus lhe deseja servir.

O que é humildade? É a supressão do ego e a submissão à palavra divina. Veja: Deus não é capaz de forçá-lo a lhe seguir a vontade; não é assim que as leis trabalham. Ele pode trazer-lhe algo, ou levar coisas de sua vida, mas você sempre tem escolha. Lembre-se, você é parte da substância divina; possui o poder de opor-se à vontade dele. Naturalmente, se o fizer, manifestará miséria e sofrimento em sua vida, mas pode escolher. Por outro lado, sua capacidade de inclinar-se à vontade de Deus dará a ele a capacidade de elevá-lo. Sua capacidade de rebaixar-se dá a ele a capacidade de reerguê-lo. O intelecto e o ego ancoram-no na Terra, ao passo que ir além deles, deixar esses pesos pesados, liberta-o para agir no reino espiritual.

Deus favorece a humildade

"O orgulho é a sua mente buscando ser Deus.
Faça isso e se afastará de Deus.
Jamais ouvirá uma palavra."

Lembra-se de quando falamos sobre o favor, e da idéia de que o favor não é imparcial? O favor escolhe quem opera no sistema divino, não necessariamente quem pareça merecer favor pelos atos realizados na Terra. Sua meta é ser um "favor-ito" de Deus. E Deus favorece a humildade, não o orgulho infundado. Observe as palavras: orgulho *infundado*. Deus não pune o orgulho em você pela espécie de pessoa que é, pela sua honestidade, gentileza e amor. Estas são qualidades de que você pode se orgulhar. Não, Deus pune a espécie de orgulho sem razão, o orgulho que se recusa a reconhecer: a sabedoria divina das atividades do universo excede, em muito, o que os nossos conhecimentos jamais virão a ser. O orgulho é a sua mente buscando ser Deus. Faça isso e se afastará de Deus. Jamais ouvirá uma palavra.

Deus lhe dá a graça de ir além de seu orgulho. Deus favorece a humildade, não o orgulho. Como bispo de minha igreja, sou chamado de "príncipe da igreja", um título que poderia engendrar orgulho infundado em qualquer homem. Mas eu não posso o ter. Minha posição como bispo só pode servir para me lembrar de que minha consciência da voz divina deve me dar humildade. Recebi graça, então posso ser orgulhoso? Não, então posso ser humilde. De fato, dá grande orgulho ser capaz de humilhar-se e não se perder. Você só pode ser humilde sem ressentimento quando verdadeiramente sabe quem é.

Esta é a lei da humildade:

DEUS RESISTE AO ORGULHOSO, MAS DÁ GRAÇA AO HUMILDE.

Submeta-se a Deus e o demônio perderá você

Sujeite-se a Deus e resistirá ao demônio. Obedecer à palavra e à vontade divinas, abrir seu espírito à linguagem de Deus, viver em profecia e espírito, sem colocar o próprio intelecto acima do verbo divino – isso assegura que o demônio não o alcançará. Deus o exaltará e lhe dará favor.

Deus deseja que você permaneça em penitência e lamentação. Deseja que seja como Cristo: deseja que puna a si mesmo e se aflija para deixar a velha personalidade, a velha vida e o velho estado mental perecerem. Deseja que se aflija por esta vida perecida, e então o ressuscitará para uma vida de espírito. Deseja que você venha a esta verdade; mas você consegue enxergar que isso só é possível se você tiver vontade de deixar sua velha personalidade partir? É impossível ceder completamente se o orgulho lhe disser que a vida e o saber antigos são superiores aos de Deus.

Aqui há constante luta e mistério. As vias divinas são sutis e complexas; afinal, ele teve a eternidade para trabalhar nelas, e sabe suas conseqüências. Você teve algumas décadas e não teve o benefício de observar bilhões de vidas humanas serem representadas, de forma que pudesse ver quais ações resultam em triunfo e quais provocam tragédias. Cada um tem seu tempo certo para a exaltação. A astúcia consiste em saber o tempo certo. Enquanto espera por esse tempo, precisa humilhar-se.

A graça é o imerecido favor divino a você. Para ser "favor-ito", você precisa ser "humilde-ito". Precisa ceder o ego. Precisa colocar-se nas mãos de Deus, de forma que quando ele elevar a mão, eleve você. Se precisar ter orgulho (e o terá), precisará ter orgulho em humildade, orgulhar-se humildemente e em ação uníssona com o objetivo divino.

A sabedoria dos antigos

Deus pode ser um grande demarcador de tarefas, mas apenas por sermos tão ociosos. Nós, seres humanos, devastamos muito de nosso potencial e passamos o tempo no ócio, sem trabalhar árdua e verdadeiramente, até surgir uma crise. Então agimos e nos tornamos inspirados. Assim, Deus distribui as crises – físicas, emocionais e espirituais. Ele é um mestre motivador do cosmos! Deus sabe que, quando estamos confortáveis, somos ociosos e nos tornamos inertes. Assim, se ele nos favorece, raramente nos deixa muito confortáveis, amém.

O soberano quer que sejamos humildes, mas também que vivamos nas proximidades dos abismos. Em outras palavras, quando nos submetemos à orientação divina, há enormes riscos em trazer essa direção à fruição. Ele também ama que as pessoas jovens sigam o saber dos mais antigos. Os mais velhos são sábios por terem visto muitas vidas se sucederem, e sabem que o comportamento humano se encaixa em modelos e padrões. Se você os ouvir, eles podem ensiná-lo como começar a ver os padrões, na vida dos outros e na sua. Você diz que não consegue encontrar um homem ou uma mulher que o trate bem, mas não sabe o por quê. Um ancião pode conversar com você por alguns minutos e lhe dizer: "Filho, você está escolhendo o mesmo tipo de mulher. Não consegue ver o padrão?" E de repente o padrão ficará claro;

quando você estiver a ponto de vê-lo, ele parecerá o mesmo, idêntico, sólido e inerte, como todos os modelos, tipos e padrões.

E se você for idoso, ouça: Deus quer que você compartilhe a sua sabedoria com os jovens. É parte de sua responsabilidade como filho de Deus e co-criador. Assim como o chefe de uma empresa explica aos novos empregados a política da empresa, você é chamado a compartilhar saber com as jovens mentes que o irão ouvir. Você viu muito na vida; viu os padrões se representarem, viu jovens humildes e corajosos, bem como outros, orgulhosos, apavorados e tolos. A tolice é parte da juventude; afinal, as crianças são os tolos de Deus, os bobos da corte. Mas quando jovens espíritos o ouvirem, você precisará esclarecê-los.

Explique-lhes não por que devem ouvi-lo, mas por que devem ouvir a Deus. Lembre-lhes de que não importa o que cada doutrina lhes fala, pois eles são partes de Deus, destinados a utilizar sua divina habilidade para dar forma a este mundo com esperança. Lembre a eles que a concentração, a mente meditativa e a visão audaciosa e corajosa são onipotentes. Nem todos irão ouvi-lo – também é uma marca dos jovens raramente ouvir os mais velhos. Recorde-se, você não pode falar tudo a todos. Mas isso não significa que não deva tentar. De uma geração de estudantes resistentes virá a próxima geração de mestres concordes.

Deus se opõe ao obstinado

Vista a roupa de um servo e dispa-se do orgulho. Ande com as vestes do servo todos os dias. Isso o lembra de ser subserviente a outro. E o mantém humilde. Leva-o a andar na humildade e liberta-o do orgulho e da arrogância. E isso é bom, pois Deus lançou-se contra o orgulhoso, o obstinado, o altivo, o ostentador, e a eles resiste, frustra-os e derrota-os. Tem prazer em fazer isso, pois ao serem orgulhosos e obstinados eles estão desprezando Deus e colocando o próprio saber acima do saber divino.

Você também será desprezado por quem o acha perdido em sua obediência a Deus. Pessoas que não compreendem vão zombar de você, buscar desviá-lo de seu caminho, tentá-lo a agir com orgulho. Muito bem. Precisamos de nossos desprezadores a zombar de nós, pois assim permaneceremos humildes e Deus pode recompensar-nos por nossa humildade. Deus quer que você permaneça humilde. Você precisa aprender a ter paz enquanto o desprezam.

Afinal, Deus desdenha os desprezadores e dá seu favor aos sábios e humildes. O sábio herdará a glória, e a vergonha será a recompensa dos tolos autoconfiantes. Você precisa curvar-se para ser humilde e estar disposto a reconhecer um tolo! Seu ego precisa perecer diariamente, enquanto seu espírito ganha força!

Seu pensamento dominante

Os pensamentos têm uma hierarquia, como os anjos no céu. De fato, como já dissemos, os pensamentos e as palavras são anjos. Estes são organizados da mesma forma: há anjos dominantes e subordinados bem como há pensamentos dominantes e subordinados. Sua mente terá muitos pensamentos seguindo essa lógica. A chave é: você pode designar um pensamento dominante, ou padrão, ou modelo de pensamentos que dirija todos os demais? Eis uma habilidade que precisa dominar.

> "*Você atrai, move-se para tornar-se aquilo em que concentra o pensamento dominante mais íntimo.*"

Seu pensamento dominante torna-se uma espécie de "rede de segurança" que dirige seu pensar – e, portanto, o que você atrai a si – em uma sólida direção. Por exemplo, se você é essencialmente uma pessoa confiante e positiva, mesmo tendo um dia ruim, tenderá a recuperar-se e pensar: "Posso ir muito além, vou superar isso". Nesse caso, seu pensamento dominante dirige-se ao êxito, a vencer barreiras. Em sentido inverso, se você for uma vítima, mesmo quando boas coisas acontecerem, verá alguém mais como a causa, e não se dará o crédito. Seus pensamentos dominantes podem fortalecê-lo ou paralisá-lo e vão manifestar-se conforme o padrão ou modelo.

Você atrai, move-se para tornar-se aquilo em que concentra o seu pensamento dominante mais íntimo. Precisa aprender a concentrar seu pensamento, como um raio-laser, em suas metas principais, objetivos e passos da ação, de forma a realizar as metas que Deus lhe ordenou.

Suas idéias prefiguram o futuro

Nas aulas de redação, *prefiguração* é utilizado como um sutil elemento da história para insinuar um vasto ainda por vir. Prefigurando, pensamos e expressamos antecipadamente o que está por vir. Bem, se os eventos e coisas que você manifestará em sua consciência já existem adiante, no fluxo temporal que pode ver agora, suas idéias são prefigurações das coisas por vir em sua vida.

Isto é a fé – a substância das coisas esperadas e a evidência das coisas invisíveis. Não faz sentido, mas não deixa de ser verdadeira. Em um sentido muito real, o intelecto mais avançado não é o que abraça o visível, as leis e princípios físicos demonstráveis, mas o que pode dar um salto intuitivo a um sistema sem evidência empírica – mas com a evidência dos milhares de anos da experiência humana. A ciência das leis do pensamento é a ciência da mente e do espírito. Que são seus laboratórios e tubos de ensaio. Você é seu pesquisador.

Todas as nossas idéias prefiguram uma profecia por vir. Quando você deseja algo de todo o coração, começa a estabelecer relações com ele. Isto é o misticismo. Quando você tem uma idéia ou visão, sua fé a torna real. Assim, suas idéias, por mais loucas que possam soar, anunciam realmente o que está por vir. Empresários e inventores o sabem; e facilmente podem tornar-se atormentados e consumidos para trazer uma idéia da mente a alguma forma de alta expressão, como um projeto ou um plano de trabalho. Quando uma idéia se alicerça na fé, você não consegue tirá-la da cabeça. É uma fonte de energia e precisa ser expressa. Quando você permanece a noite toda escrevendo, compondo música ou planejando um novo programa de computador, está correndo em pura fé, e a cada segundo a sua idéia se torna mais próxima.

Precisamos viver no ideal

Você pode ver como a fé, a humildade e os pensamentos dominantes – que dirigem a mente inflexivelmente, rumo a um destino positivo – precisam tornar-se reflexivos, se sua meta pessoal for realmente trabalhar com Deus para construir o mundo que sonha. Assim, levam-se anos para você aprender a ouvir Deus e colocar mente e espírito em um lugar onde possa sair de sua própria via e deixar Deus arregaçar as mangas e trabalhar. Há muitas disciplinas ensinando que as leis do pensamento são como uma arte marcial; afinal, para bem utilizá-las, você não deve pensar, absolutamente. O método precisa tornar-se parte de quem você é.

O mesmo se aplica aqui. Para genuinamente ser "Eu sou", em sua mais plena divindade, você precisa cessar de "tentar" demonstrar humildade, concentrar seu pensamento dominante e ter fé. Precisa internalizar essa autenticidade, concentração e confiança. Estas devem tornar-se como sua respiração, automática e sem esforço. Quando puder fazer isso, viverá no que nós chamamos de *ideal*. Então viverá com sua mente concentrada não no que é, mas no que *será*.

Vivemos muito no lado material da vida, e não o suficiente no ideal. Você não quer viver demasiadamente no físico, a menos que deseje estabelecer um relacionamento com a sua casa. A sua casa não lhe trará as visões das novas coisas que pode fazer. O seu carro não lhe apresentará os novos desafios que o elevam a um nível superior de habilidade. Você deve criar uma relação com a palavra. Só Deus e sua palavra podem impulsioná-lo adiante de uma consagração a outra.

Há algo mais a aprender e dominar:

ANTES DE VOCÊ CRIAR UM RELACIONAMENTO
COM A COISA QUE DESEJA, ELA NÃO PODE SE FAZER CARNE,
EM SUA EXPERIÊNCIA.

E como você cria um relacionamento com algo ou alguém? Você o conhece. Comunica-se com ele. Compreende-o e compartilha experiências. Viver no ideal é expandir-se pelo futuro através da mente e saber que as coisas estão chegando, e então trabalhar com elas, como se já estivessem presentes em sua experiência. Assim, você pode determinar o valor de sua casa antes de possuí-la, planejar a viagem em seu barco antes de vê-lo, contratar pessoas para seus negócios antes de iniciá-los, e assim por diante. Somente criando esse relacionamento com o que deseja, o objeto do desejo virá a você.

Viva jovem, seja jovem

Aprenda a viver mentalmente no ideal que deseja tornar real. Para manter-se jovem, viva no estado mental da juventude. A paixão, o objetivo e o amor à vida mantiveram pessoas vivas e ativas por décadas, e sem essas motivações as pessoas não seguiriam as regras para permanecer saudáveis. Assim, pessoas com vontade e paixão vivem mais do que as pessoas negativas que fazem exercícios cinco vezes por semana. Você é um ser espiritual, não carnal. Pode ser fisicamente magro e espiritualmente obeso.

Para ser belo, viva no estado mental de beleza. Viver no ideal significa eliminar todas as imperfeições. A fealdade, a esclerose e a pobreza não existem no ideal. O ideal nos dá o modelo de perfeição que buscamos.

***

RESUMO

- Deus favorece o humilde.
- Ouça o saber dos mais velhos.
- Se você é ancião, é chamado por Deus a compartilhar seu saber.
- Deus se opõe aos orgulhosos e aos obstinados.
- Você precisa sempre merecer o que deseja.
- Quando chega o momento certo para algo se manifestar, nada pode detê-lo.
- Suas idéias prefiguram o porvir.
- Você precisa viver no ideal, relacionando-se com o que deseja.

CAPÍTULO 12

A LEI DA FÉ

O que você pede? Mais importante ainda, se você nada pede, como pode esperar receber algo? Pedir é provar a humildade. Coloca-o na posição de uma criança. As crianças sabem que, se pedirem, receberão. Por que Deus nos daria a capacidade de pedir algo, se não o pudéssemos receber? Pedir é parte de agir em fé, e este é o tema deste capítulo.

Pedir é ter fé na potente habilidade de Deus. Quando você pede, admite ser limitado, e já sabemos que Deus se satisfaz com a humildade que reconhece ser ele a fonte de todas as coisas. É importante pedir em nome de Deus; agindo assim, você encoraja Deus a continuar criando novas coisas. Pedir é como reduzir a taxa de juros; estimula a energia cósmica.

Muitas vezes, não obtemos algo porque não pedimos. Há a história de um homem, faz alguns anos, que decidiu viajar pelo país praticando o que chamou de "pedir com audácia": não tinha dinheiro algum, apenas pedia às pessoas o que precisava: alimentos e abrigo. Em quase todos os casos, quando pedia, as pessoas davam. Elas estão prontas a abrir o coração e a casa aos que compreendem o poder de pedir. Deus também.

Seja uma pequena criança

Peça e lhe será dado. Mas pedir pode ser humilhante. É humilde, e sabemos da necessidade de humildade em face de Deus. Se você não consegue pedir, o que em você não o permite? Orgulho? Medo? Deus não o rejeitará se pedir; ele deseja ser solicitado, pois solicitar é um reconhecimento tácito de seu lugar como doador de todas as bênçãos.

As crianças sabem disso. Pedem tudo, e se a mamãe fala não, que fazer? Claro, pedir ao papai. As crianças não desistem, pois não ouvem "não": desconhecem esta palavra. A única resposta que aceitam é "sim". Se você quer ser grande, precisa agir como uma criança. Deixe seu orgulho, peça, permaneça pedindo, e espere a resposta ser "sim". Bata à porta e continue a bater.

Grande parte da ação no sistema divino consiste em persistência, em jamais desistir. Continue! Avance e não se preocupe com a resposta. Saiba que merece o que pede. As crianças sempre sentem que merecem o que pedem, mas os adultos, freqüentemente, não o sentem. Precisamos agir como crianças e continuar pedindo. Atrás de todo "não" há um "sim". Sua coragem só avança quando você acredita ter direito ao que pede. Você precisa *saber* que merece algo, saber que ele já é seu quando você o pede. Pois aqui há algo a pensar:

NA VERDADE, VOCÊ PEDE ALGO QUE,
EM PRIMEIRO LUGAR, SEMPRE FOI SEU.

O que você deseja já existe na imaginação, no fluxo temporal, e pedir o aproxima daquilo que deseja. Quando sabe que algo é seu, quando o pede, quando se torna essa coisa, está prestes a manifestá-la.

Mantenha sua mente em treinamento

Todos nós temos maus hábitos que tornam a mente frágil e ociosa, e um dos segredos para dominar as leis do pensamento consiste em manter a mente em forma. É preciso treinar a mente, para vir a ser um trabalhador espiritual na economia divina. Treine a mente para concentrar-se em amor, felicidade e sucesso, e a mente dirigirá os seus hábitos. Quanto mais seus pensamentos são determinados a ver com possibilidades infinitas e positivas o mundo material e espiritual, mais você se aproxima das coisas desejadas.

Treine a mente para o bem e o positivo, e ela não será capaz de se mover em sentido negativo. O que busca realizar com persistência, você tende a realizar. Mostre aquilo que o leva a persistir. Exprima em pensamentos e palavras o que deseja realizar: prosperidade, riqueza, saúde e felicidade.

Treine a mente para que ela nem sequer reconheça a possibilidade de as coisas se voltarem para outra direção. Assim, você torna as bênçãos da vida um *fait accompli*[16] – algo já dado e manifesto. As leis do universo não têm escolha, salvo responder a seu favor. Elas têm de mover-se da forma correta, assim como a gravidade.

O universo é a economia divina, e sua mente e seus pensamentos são o investimento capital para construir o futuro que Deus tem em mente para você. Você os faz trabalhar para si; faça-os crescerem como investimentos com juros, por meio de pensamentos persistentes e concentração nas coisas que deseja manifestar. A maneira de visualizar o desejo em sua mente, com foco de raio *laser*, dirigirá suas ações e lhe permitirá agir a partir do espírito. Você estará trabalhando em profecia. Utilize seus pensamentos e persiga a riqueza e a prosperidade a que aspira. A intensidade e a persistência do desejo aumentam o poder de realizar seus sonhos. A energia precisa ser forte, mas também constante. A constância da concentração e da intenção é tudo.

A inércia: o pecado da inatividade

O lado insolente da concentração constante e da paixão ardente pelo que você deseja manifestar é a inércia, a passividade (um pecado aos olhos de Deus), pois mostra a ele má vontade para realizar o evento desejado; apenas o deseja entregue em suas mãos. Este lado não move Deus; em sua economia, as únicas coisas com valor são as merecidas. Se você se sentar e esperar as coisas virem a você, deixa-as estagnadas no mundo espiritual. Você paralisa a habilidade de Deus exprimir intenções através de sua pessoa. Isso é pecar.

A indiferença é seu inimigo. É uma enfermidade comum na comunidade cristã, e contagia. Muitas pessoas são passivas – elas afirmam que terão "o que Deus quiser". Isso é tolice. Deus não decide o que você terá; decide o que você *pode* ter. Coloca a mesa diante de você, que precisa decidir o que colocar no prato. Se você não der um passo e morrer de fome, a culpa é de Deus? Não! Ele não é responsá-

---

[16] *Fato consumado*. Em francês no original. (N. do T.)

vel por alimentá-lo; você precisa alimentar a si mesmo. Você não é uma criança.

Você não pode passar a responsabilidade pelo que deseja a Deus, pois ele não é responsável por manifestar o que há em estoque para você. Ele já determinou que o estoque é seu, mas você tem de ir buscá-lo. Você precisa decidir o que deseja e o que você é, e vigorosa e tenazmente ir atrás. Deus cria o estoque, mas você precisa querer, e chamá-lo. As pessoas desculpam os erros como "vontade de Deus". Esta é a mais vil das mentiras: mentir a si mesmo. A vontade de Deus determina seu *potencial*; e a sua própria vontade determina se vai realizá-lo ou não. Você não pode ser um bom cristão sentado em seu traseiro, pois *terminará na traseira* – à esteira dos que compreendem: o objetivo divino para você é seguir adiante e criar através de seu espírito, agarrar o que lhe é destinado. Eis porque Deus é ação, e não simplesmente um nome.

A minimização, o exagero, a fascinação e o ressentimento

Você sempre pode fazer negócios com o onipotente. O medo é o que o impede. E o medo manifesta-se tipicamente em uma destas quatro formas: a minimização, o exagero, a fascinação ou o ressentimento.

- **Minimização** – minimizamos pessoas, lugares, idéias e eventos representando-os no último degrau de importância ou valor. A minimização é uma mentira que você conta a si mesmo para acreditar que as coisas desejadas não são importantes o suficiente para lutar por elas. É um amortecedor para o fracasso, e uma terrível expressão de dúvida e falta de autoconfiança.
- **Exagero** – exageramos pessoas, lugares, eventos e idéias ampliando-os além da proporção e da verdade. Assim distorcemos e freqüentemente fazemos pequenas falhas parecerem imensas e minúsculas barreiras parecerem insuperáveis. Exagerando as coisas com que defrontamos na vida, damo-nos uma pronta desculpa para o fracasso, ou nos auto-analisamos antes de dar um único passo.
- **Fascinação** – quando nos fascinamos com algo, focalizamos os seus aspectos positivos e minimizamos os negativos. Assim, convencemo-nos a nos enamorar de coisas que não são Deus, coisas exteriores que não nos servem às últimas metas.

- **Ressentimento** – eis a imagem ao espelho do fascínio: exageramos os piores aspectos de uma pessoa, lugar ou evento, a ponto de só vermos o negativo. O ressentimento pode cegar-nos para o valor de uma pessoa ou de uma oportunidade; é uma mentira que freqüentemente contamos a nós mesmos, para explicar a razão de não partir em busca de algo que desejamos (a síndrome do "Eu não o queria mesmo!...").

Essas quatro formas de pensar são mentiras, e as mentiras aprisionam a mente. Quando você está preso, não pode ter propriedades. Seus direitos são cassados. Mas Deus só lhe dará algo quando você já detiver a escritura. Você precisa enfrentar as mentiras que conta a si mesmo e libertar-se delas, antes de deter a escritura do que é seu.

A geração de mentiras

As mentiras que você conta aos outros não causam tanto dano quanto aquelas que conta a si mesmo. A auto-ilusão danifica os engenhos que o ligam ao espírito; paralisa sua vontade e torna-lhe impossível vir a ser as coisas que deseja. As mentiras são desculpas incorporadas ao fracasso e, como tais, são incertezas que irão exterminar a sua visão antes que ela sequer comece a se manifestar.

Há uma lei para a difusão das mentiras. Eis como a geração das mentiras se multiplica:
- A primeira mentira faz nascer uma geração de sete outras (exageros ou minimizações) a sustentar e encobrir a mentira original. Em outras palavras, quando você mente a si ou a outros, cria uma realidade alternativa que precisa se manter sustentada através de outras mentiras. As mentiras são a sua própria fonte de energia. Você pode imaginar-se em um mundo onde a fonte de energia são mentiras? Mas as pessoas fazem isso diariamente.
- As sete mentiras geram 49 mentiras.
- Essas 49 mentiras geram 343 mentiras, sete para cada uma delas.
- Essas 343 geram 2.401 mentiras, e assim por diante.

Lembra a lista dos descendentes de Adão e Eva na Bíblia[17] – mas é muito menos positiva. Essa sempre crescente legião de mentiras

---

[17] Gênesis 5:1-32. (N. do T.)

eclipsa a luz elevada que o liga ao poder em seu interior. É uma geração de anjos caídos a separá-lo de Deus.

As mentiras se alimentam de mentiras. Quando você mente, precisa criar outras mentiras que apóiam a mentira original, para encobrir as falsas circunstâncias que chamou ao ser. Por exemplo, se mente a alguém fazendo um acordo financeiro que não tem a intenção de cumprir, depois você precisa mentir para explicar por que não manteve a palavra... e depois precisa encobrir essa mentira com outra. E outros difundem as suas mentiras, comunicando-as a terceiras pessoas, e assim suas mentiras têm poder exponencial para se difundir e se multiplicar como vermes. As mentiras na verdade são uma peste; são uma praga que afligirá a sua vida, como as pragas afligiram o Egito, nos tempos de Moisés, provocadas pela mentira da escravidão. Só quando Moisés trouxe a verdade da libertação divina aos hebreus, a praga terminou para os egípcios.

Você tem o olhar?

"Lembre: o pensamento dominante
é o que move a vida."

Aprendemos que possuir os objetos e eventos desejados, manifestando o estoque divino, depende muito de saber que você os merece, e, de fato, já os é. Bem, outro aspecto do sucesso é olhar, encarar, parecer. É difícil *saber* que você já é um milionário se não sentir e olhar como um milionário.

A riqueza é um olhar. O sucesso é um olhar. A pobreza é um olhar. Tudo tem um olhar. Você precisa do olhar certo para provocar os resultados certos. Seu olhar físico é uma palavra silenciosa falando ao cosmos, contando-lhe o que você é. Se continuar trabalhando para ser capaz de manter um modelo de pensamento forte, concentrado, criador do que deseja, de qualquer forma seu olhar, estilo, fala e atitude podem exprimir ao espírito e trabalhar por você.

Lembre-se: o pensamento dominante é o que move a vida. Sua mente precisa estar sempre "superpenetrante", elevando-se ao que é potente, confiante, forte, bom e concedido. A vibração de sua mente precisa elevar-se de forma a evitar a manifestação do que você não deseja em sua vida. Você atrairá à sua experiência aquilo em que sua mente se concentra. A elevação do pensamento levará toda a sua vida a altos níveis.

Assim, é vital fazer perguntas que venham a ser PAN, Pensamentos de Alto Nível[18], ou POS, Pensamentos de Ordem Superior, sobre quem você é, e para onde vai. É preciso buscar sempre novos incentivos para manter a mente e as paixões em um patamar superior, distante da distração e rumo à criação. Com os anos de prática destas leis do pensamento, sua mente poderá desenvolver-se e evoluir, escalando, com facilidade, as alturas do pensar positiva e criativamente. Os esforços desenvolvem-se de forma decrescente, enquanto as recompensas crescem.

A lei da fé

Enquanto aprende a elevar a mente, você aprenderá a agir cada vez mais com fé. A fé é a chave para abrir a passagem à economia divina. A fé corre adiante no tempo e vê o invisível a seus olhos.

Isso é extraordinário! Significa que, quando você age em fé e afirma "Eu sou", sua fé move-se avante no tempo, para perceber o bem que já espera por você, e começa a rebobiná-lo, para ele se manifestar em seu futuro. É preciso lançar sua fé ao visível, adiante de si, ao futuro, e por concentração, ação e persistência, rebobinar seu destino.

A fé é o esboço do que você deseja. Basta-lhe preencher o vácuo. A vida não é múltipla escolha. É preencher os espaços vazios. Como você preencherá o vazio? A vida é como um livro para colorir – você escolhe as cores, Deus determina as linhas. Todos nós escolhemos a vida, a aventura, a situação que desejamos. Deus já escolheu o destino. A questão é – você o colherá? E por qual caminho? Que cores escolherá? E permanecerá no interior das linhas? Esta é a lei da fé:

A FÉ NÃO É UMA ILUSÃO. A FÉ É SUBSTÂNCIA.
SUA FÉ É REALMENTE A COISA QUE VOCÊ DESEJA.

---

[18] No original em inglês, *HOTS – Higher Order of Thinking*. (N. do T.)

A manifestação real é uma reflexão de sua fé. A fé é tudo o que é real. A fé é necessária para agradar a Deus, e sem agradar a Deus nada do que você tem é possível. Assim como quando você toca algo, sente átomos e a carga elétrica entre os elétrons, quando experimenta algo, é a fé que você experimenta. O pensamento e a fé que produzem o drama de sua vida são tudo o que é real. Tudo o mais é ilusão, um resultado e reflexão da fé.

Seus pensamentos são prisioneiros em sua mente, esperando pela libertação. Pense a partir do reino de seu desejo. Você está pensando a partir de quê? Seus pensamentos vêm de que direção – de um lugar de fé ou de dúvida? Quando você pensa a partir da fé, liberta seus pensamentos da prisão.

Envie seus pensamentos como mensageiros

Há uma realidade a acompanhar seu desejo legitimado, esperando por você no cosmos. Você é responsável pelo que mostra em sua vida, e assim precisa reconhecer: o que mostra foi um desejo legitimado em sua mente, bom ou mau. Motivos criativos são fontes de poder para influenciar seus pensamentos – riqueza, objetivo, trabalho, influência, casa, família, amor.

Seu fluxo de pensamentos precisa ser enviado na direção de seu objetivo de vida. O fluxo precisa ser forte e correr em dada direção, de forma que os pensamentos que não são bem-vindos sejam incapazes de penetrar. Compreenda os pensamentos como um rio, fluindo para a riqueza, prosperidade e oportunidade que você deseja. Se o fluxo desse rio for fraco ou hesitante – se seus pensamentos forem infestados de temor, dúvida ou distração –, os afluentes de outros rios poderão desaguar em seu fluxo e desviá-lo. Você precisa parar de se perder em um pantanal de ressentimento e frustração.

Mas se seu fluxo for profundo, potente e constante, nenhuma outra corrente o afetará. Os afluentes que se aproximarem serão consumidos pelo fluxo, e você continuará em seu destino: o oceano de espírito e energia criadora que é Deus.

Você precisa ter a capacidade de enviar os pensamentos adiante, a todo tempo, como mensageiros de suas intenções e de sua realização, enquanto *chamado* a deter a escritura das coisas que deseja manifestar. Elas são propriedades suas! Há uma espécie má de chamado, a idéia de que outrem lhe deve algo que você não mereceu. Mas a boa espécie de chamado significa que você é digno de algo, sente confiança de que esse algo é seu, e sabe que é inevitável que seja seu. Você já se tornou a coisa e detém a escritura, e a manifestação é apenas uma questão de paciência.

Objetivo sincero

Quando você tem essa espécie de confiança e objetivo, as pessoas que poderiam lhe trazer coisas ruins são automaticamente excluídas de sua vida. Seus pensamentos tornam-se guardiões à porta de sua vida. Então só poderá aproximar-se de pessoas com quem ressoa. Todas as coisas ressoam em certo nível de vibração – a cadeira em que está sentado, o alimento em seu prato. Tudo vibra em certa freqüência espiritual, e o semelhante atrai o semelhante. Sua vibração atrairá mentes similares e repelirá mentes opostas, bem como um ímã atrai dadas partículas e repele outras. Isso é ciência, mas também é Deus.

Lembre-se:

A CIÊNCIA NÃO É CONTRA DEUS; A CIÊNCIA É DEUS.

A palavra ciência vem da raiz latina para conhecimento, e o que é Deus senão a raiz de todo conhecimento? Deus é onisciente, isto é, "oni-ciência". Há uma ciência para criar os efeitos que você deseja. Eis por que estamos debatendo essas leis.

Você precisa mover-se sempre para a concentração do pensamento. Precisa viver na convicção de que está eternamente progredindo, em cada átomo de seu ser, rumo a algo elevado. Sua fé reside em cada átomo – a fé é a energia entre as partículas subatômicas. Precisa agir sempre com este objetivo simples: mover sua mente em direção a algo maior, algo sublime, elevado e merecido.

Enquanto tiver essa singularidade de objetivo, não poderá ser derrotado. Lembra-se da Torre de Babel[19]? Deus favoreceu as pessoas enquanto mantiveram o simples objetivo de se esforçarem. Quando se desintegraram em fragmentação e disputas, Deus transformou as ambições em maldições. A distração leva à fragmentação e à falência.

---

[19] Gênesis 11:1-9. (N. do T.)

Lembre-se, o corpo destina-se à falência. Por isso as crianças não sabem que há coisas impossíveis. Elas não conhecem limites. O espírito não tem limites, portanto precisamos reaprender quando adultos. O poder do objetivo simples e da imaginação concentrada é tudo. Se você se move para a unidade em seus pensamentos, nada pode deter o porvir.

Mantenha o grupo movendo-se adiante

Assegure-se de que o grupo de pessoas com quem trabalha compartilhará da mesma unidade de pensamento e objetivo; se uma ou duas pessoas não o fizerem, podem pôr a perder todo o seu empenho. Assim, poucas pessoas negativas podem destruir uma nova empresa que se inaugura. A dúvida contagia, e as mentes humanas são ociosas; tendem a ser atraídas pela gravidade da dúvida, em vez de despertarem para o paraíso. É preciso sempre trabalhar duro para manter todas as mentes em um grupo movendo-se adiante.

Devido a essa dinâmica, alguns grupos demoram a começar a manifestar resultados positivos. Assim, algumas igrejas penam para vir a ter sucesso e tornarem-se prósperas, pois muitos de seus membros pensam que comparecer aos domingos é suficiente. Não é. Todo grupo precisa trabalhar sábia e efetivamente no reino do pensamento, da paixão e da concentração, para criar algo elevado.

* * *

RESUMO

- Peça e lhe será dado.
- Você precisa treinar a sua mente para manifestar o bem automaticamente.
- A passividade é um pecado.
- O exagero, a minimização, a fascinação e o ressentimento são as maiores mentiras.
- Cada mentira gera outras sete.
- As mentiram criam uma realidade alternativa de infortúnio.
- O sucesso tem um olhar, uma aparência.
- A fé é a coisa que você deseja; tudo o mais é reflexão da fé.
- A ciência é Deus.
- Seus pensamentos precisam se mover sempre adiante.

CAPÍTULO 13

A LEI DO PLANEJAMENTO

Todas as coisas começam como castelos no ar. Tudo o que você sempre quis saber, ou ter, começa como uma criação de sua imaginação. Você poderia conceber que algo viesse a ser sem primeiro existir na mente? Livros, edifícios, negócios, gastronomia – tudo precisa ser imaginado e visualizado, antes de poder manifestar-se na realidade física. Primeiro você constrói seu castelo na consciência, antes de lançar um alicerce.

Sua capacidade de visualizar é a chave da manifestação. Você precisa retratar seu desejo em detalhes; se retratar apenas o geral, você terá pouco controle sobre o resultado. Precisa ser capaz de retratar as especificidades do que deseja: o que, onde, quanto, que espécie. Se você visualizar apenas "uma casa" em geral, quem sabe que espécie de casa Deus manifestará em sua experiência? Poderia situar-se em um lugar pior do que aquele em que vive agora. Você precisa "ver" cada aspecto de sua casa com o olho da mente – a moldura superior, a jardinagem, a televisão de plasma –, tudo. Quando você visualiza a casa, está basicamente dando uma ordem ao universo para realizá-la.

Espere aí, você dirá. Já não sou mais apenas um ser humano? Depende. Está buscando fazer as coisas se manifestarem em sua vida indo atrás do material, construindo com as suas mãos? Então você é um tarefeiro humano. A moeda corrente na economia cósmica divina não é o trabalho, mas o "Eu sou" – sendo as coisas que deseja e sabendo que as merece. Já falamos que você precisa ser os eventos que espera manifestar na realidade corpórea. Bem, você precisa ser um "ser humano" a imaginar ser as coisas que deseja ter. Então, fazer torna-se fácil.

Seu "sincrodestino"

Você tem o poder de controlar seu destino. Mais – você é seu destino! Não há diferença entre o que terá e aquilo que se torna; ambos são o mesmo. Parte de sua divindade está na capacidade de concentrar sinceramente toda a sua atenção em seu desejo e trazê-lo à manifestação material.

Este é o "sincrodestino", um estado em que você e seu destino se encontram sincronizados. Você é; logo, ele é. Isso acontece quando sua consciência de quem é se encontra perfeitamente alinhada com as coisas que estão esperando manifestar-se a você. Quando você é completamente a casa, o carro, os negócios, você se encontra em sincrodestino. Este é um estado sublime que muitas pessoas jamais são capazes de realizar, mas você tem o poder de fazê-lo, pois compreende o sistema e os segredos da manifestação.

Efetivamente, Deus compartilhou com você um de seus traços mais surpreendentes: a capacidade de encarnar como coisas muito diversas. Os personagens mitológicos têm a capacidade de mover-se de uma encarnação para outra. Deus quer que você faça o mesmo. Quer que você encarne em outro ser, mudando os pensamentos do que deseja se tornar. Você é seus pensamentos, e em dado momento você muda de pensamentos e redireciona quem (e o que) está se tornando. E muda a configuração de seu castelo no ar a cada vez que seus pensamentos assumem uma nova encarnação.

Todos nós vivemos no endereço de nossos pensamentos. Portanto, é vital manter uma concentração singular do pensamento. Nunca sabemos se um pensamento perdido enviará nosso destino a um endereço indesejado. Cada construção era primeiramente um castelo no ar. Tudo principia com uma idéia. As idéias são parte da fórmula química:

IDÉIA + FÉ + CONCENTRAÇÃO SINGULAR = DESTINO.

Cada um desses elementos, isolado, tem pequeno poder. Combine-os e eles serão como o combustível utilizado em potentes naves espaciais: uma reação química produz energia ilimitada que se manifesta como mudança.

A Terra é pincel, tinta e papel

Quando você domina esses métodos de pensar, a Terra torna-se a sua tela. Para todos nós, a Terra é um terreno neutro, pronto para nele fazermos o que desejarmos que a Terra seja. Para algumas pessoas, a Terra é o inferno, e para outras o paraíso, conforme os sonhos de cada um. Você é a soma total do que cria, nem mais, nem menos. O que seus pensamentos criarem, a realidade lhe dará em retorno. Você consegue o que sonha, o que imagina e pensa. Todos os homens que realizaram grandes eventos eram sonhadores. Eram capazes de olhar além do seu tempo e ver o que era *possível*. Sonhando muito, e cultivando uma indomável visão do que podia ser feito, lançaram em movimento inevitáveis séries de acontecimentos a culminar no avião, na luz elétrica, no computador, na penicilina e em milhares de outras inovações que abalaram o mundo. Antes, ninguém pensara que essas coisas pudessem existir; ninguém sequer contemplara a possibilidade de que a realidade se transformaria se tais coisas viessem a existir. Mas o sonho levou-as à realidade.

Estimule a sua ambição

Sua ambição pode ser a sua crença. Sua intenção sincera de criar o que sabe ser possível pode ser a força definitiva em sua vida. Desperte a vibração adormecida na ambição afirmando "Eu sou" o objeto que deseja realizar, concentre-se nele com um furor de criar sincero e ilimitado.

"Não deixe outras visões desordenarem a visão que lhe vem de Deus."

Você assemelha-se ao doutor Victor Frankenstein, no romance de Mary Shelley. O corpo do que você deseja criar está pronto e espera à mesa. Tudo o que você precisa fazer é soprar vida a ele. Mas a tenacidade é indispensável. Não deixe outras visões desordenarem a visão que lhe vem de Deus. O que for divino esperará por você. Vá ao essencial, ao que é central em sua visão. Todas as coisas acontecerão no devido tempo. Aqui há um aspecto maravilhoso: trabalhar em uma visão freqüentemente criará efeitos que levarão também outras visões à realidade. Quando você vem a ser um comerciante de visões, suas visões espirituais criarão efeitos que levarão outras imaginações à manifestação, mesmo se você não se concentrar nelas. Você pode até mesmo começar a manifestar coisas para outras pessoas de sua esfera!

Leia livros, aprenda e encontre o que precisa para estimular sua ambição. Conheça pessoas que fizeram o que você busca fazer. Expanda a mente. Expanda seus relacionamentos. Conheça pessoas que se encontram no destino que você busca. Elas podem dar-lhe um mapa. As pessoas de sucesso associam-se a outras pessoas de sucesso. As vibrações do sucesso elevam todas as pessoas.

Os sonhos são uma dádiva divina e destinam-se a permitir-lhe vislumbrar o que há em estoque, e a elevá-lo do comum ao incomum – a mostrar-lhe o que é possível. Preste atenção nos sonhos, pois eles são mapas que o podem conduzir a novos destinos.

Você vai à igreja por razões erradas?

A igreja é um lugar mal interpretado. Em muitos casos, a igreja é muleta[20]. Mesmo para muitos cristãos salvos. Vamos à igreja para escapar ao inferno, suplicar, sentirmo-nos bem – por todas as razões erradas.

Só há uma razão válida para ir à igreja: desenvolver a percepção do sistema divino e descobrir o objetivo divino para você. E se você vai à igreja por sentir que Deus precisa lhe dar tudo o que você deseja, perguntará:

"ENTÃO, POR QUE NÃO TENHO O QUE DESEJO?"

A resposta é simples: o papel da igreja não é esse. É maravilhoso você ir ao templo, ser parte da comunidade e, cheio de esperança, doar, de forma a contribuir para a profecia, mas até poder doar de forma a contribuir para a visão que, você sabe, irá se manifestar, a igreja será pouco mais além de um exercício de auto-estima. Você pode ser capaz de distanciar-se da igreja e aproximar-se de seu verdadeiro objetivo espiritual. O lugar de onde você se distancia determina o lugar de onde se aproxima. Distancie-se, até alguém lhe oferecer não o que você deseja, mas o que você *é*.

---

[20] Em inglês, *church is [...] crutch*. (N. do T.)

A lei do planejamento

Você não pode fazer tudo isso casualmente, como sabe. Se tentar, falhará. Dominar as leis do pensamento é complexo, esforço para toda a vida. E mais, você está buscando manter o pensamento e a atenção concentrados em seu desejo, e ao mesmo tempo encontrando pessoas, desempenhando tarefas, criando. Você não pode fazer tudo isso sem um plano. Esta é a lei do planejamento:

SE VOCÊ NÃO TIVER UM PLANO PARA CRIAR AS SUAS METAS, VOCÊ FALHARÁ.

Não se planeja falhar, mas se falha ao não planejar. Neste mundo complexo, você não consegue manter a visão concentrada, singular, e criar o que deseja sem um plano de ação a guiar os eventos cotidianos, estabelecer as metas, definir os passos necessários e colocar o pé na estrada, rumo a seu destino. É simplesmente peso demais para se carregar sem mapa.

Mantenha uma agenda. Escreva o que pretende fazer no dia. Não se imagine, o dia e a vida, passando tarefas a Deus. Ele não é responsável por seus passos. Você é o responsável. Se não mapear seu objetivo, não chegará ao destino. Há uma razão para as múltiplas significações da palavra *destino*.

O que você está esperando e não está acontecendo agora? Pode não estar acontecendo por faltar-lhe um plano para trazê-lo à realidade sensorial. As coisas não acontecem sozinhas; você precisa fazê-las acontecer com a atenção e a afirmação do "Eu sou". Há algo a lembrar:

A REALIDADE CONTINUA, QUER OUTROS TOMEM DECISÕES EM SEU FAVOR, QUER NÃO.

Ninguém é obrigado a trazer algo à manifestação para você; é preciso atrair a manifestação com seus pensamentos e energia. É o que um plano faz: concentra a energia da atenção e da intenção e potencializa-as, bem como uma lente concentra a energia solar. Faça um plano para criar seu destino, incluindo:
- Suas ações cotidianas.
- Os tipos de pessoas que deseja atrair.
- Suas metas a longo prazo.

- Os pensamentos em que se concentrará.
- Um horário para meditar e ouvir a Deus.
- Um diário de ações, pensamentos e sentimentos.

Um plano assim pode ser seu projeto para fazer coisas extraordinárias.

Provoque a ação

Você precisa criar com espírito. Só o espírito pode criar algo permanente e cheio de vida. O suor de seu rosto não o pode. O espírito não precisa de você para auxiliá-lo. Pode criar sozinho. Se você buscar produzir com algo além do espírito, produzirá um Ismael – uma criatura só de espírito.

Deixe as bênçãos virem e agarre-as. Deixe Deus surpreendê-lo. Dê seu dinheiro a Deus, e veja-o multiplicar-se. Isso é maestria! O espírito o surpreenderá. É como uma incorporação sucessiva dos engenheiros do universo. Provoque a ação – aja e deixe as coisas acontecerem como quiserem. Se você permanecer concentrado, os efeitos serão os desejados. Provoque a ação, saia de sua zona de conforto, faça as coisas acontecerem. Quando você age com Deus em mente, não há erro.

O presente é um presente

Tudo isso para falar: a vida é este momento; deixe o próximo momento cuidar de si mesmo. Quando vivemos no futuro ou no passado, vivemos em medo e dúvida. Ou lastimamos algo no passado que não pode ser mudado, ou nos angustiamos com algo no futuro, e a angústia acaba trazendo-o. Lembre-se: você é um profeta que se auto-realiza.

Viva o seu dia, e assim pode viver em alegria e fazer o futuro que imagina. Pare de olhar o que virá. Volva-se ao objetivo divino, e viva em espírito. Você está aqui para viver a vida e desfrutá-la; este é o objetivo vital. Quando faz o que o alegra, realiza a visão divina. Viva a alegria e estará perto de Deus. Desfrute os momentos da vida.

Aprenda e lembre-se:

O PASSADO NOS FURTA. O FUTURO É DESCONHECIDO.
O PRESENTE É UM PRESENTE.

A necessidade nos furta, pois se concentra no futuro e no que você não tem. O que importa é a imaginação, pois cria seu mundo no presente, a cada momento. Viva em alegria no presente e confie: o caminho que escolheu dará frutos. Expulse a inquietude e ame o dia em que vive. Livre-se da angústia e busque controlar os eventos – deixe o Deus em você criar e inspirar.

> *"O que importa é a imaginação, pois cria seu mundo no presente, a cada momento."*

Pense nisto: seu mundo cria-se a si mesmo, a cada segundo. Se as suas percepções formam a realidade, você cria o futuro a cada momento e tudo o que pensa e faz dá forma ao que será. Nada permanece petrificado; nada o limita, salvo Deus. Você é livre para criar a realidade que deseja! Ela desenrola-se à sua frente como um tapete! Ande por esse caminho e não se preocupe com o solo. O solo existe e finalmente, por intermédio da concentração, você terminará onde se destina a ir. Este é o maior presente que Deus nos deu, além de seu próprio filho.

Deixe o passado para trás

Se a cada momento você cria o futuro em sua mente, pode ver por que é crucial deixar o passado para trás. Você não pode alterar a dor ou a culpa do passado pode deixá-lo poluir o mundo que você está inaugurando agora mesmo, como uma fenda a abrir-se em um bom móvel. Se você deixar a fenda tornar-se muito extensa, ela partirá seu material, e o que você busca construir não será terminado.

Os budistas afirmam: o cessar de todo sofrimento encontra-se na aceitação. Você sofre por não aceitar o momento, por não aceitar o sofrimento do passado nem deixá-lo partir. Quando você habita no passado, dá-lhe poder sobre você. Quando o expulsa, torna-o sem poder. Sentir necessidade iguala-se ao sofrimento. Aceite o que lhe acontece agora. Deixe as memórias do passado e as necessidades do futuro para trás.

Por isso, não acredito em terapia. O terapeuta viola a sua mente, levando-o a reviver a dor de anos ou décadas anteriores às vidas do paciente.

Memórias de angústia não o podem beneficiar; só podem ofendê-lo, torná-lo cético e aterrado. Aceite o que aconteceu, pois não pode mudar. Afirme o que você é, quem você é e ignore as opiniões dos terapeutas, ou de outros bem-intencionados. Não se deixe definir por outros.

O jogo da culpa

Há muita culpa no ar. Todos têm um dedo a apontar a alguém – o governo, Osama Bin Laden, os cônjuges, Deus – e culpá-los pelas coisas se encontrarem da forma como estão. Por que não posso comprar uma casa? Por que não enriqueço? Meu pai não me amava. O jogo da culpa é mais popular que o futebol. É o esporte nacional.

Tudo isso é absurdo. Se você é responsável pelo que chama a si, e pelos pensamentos que mantém, é responsável por criar o futuro a abrir-se à sua frente. A culpa é inútil. Aponte um dedo e encontrará cinco dedos apontados para você. Ninguém pode levá-lo a temer o passado. Ninguém pode levá-lo a dar mais peso ao que outros pensam de você, e menos ao que pensa de si mesmo. Ninguém pode levá-lo a recusar-se a ouvir o que Deus tem a dizer. Tudo pode lhe ser útil, se assim você desejar.

As leis do pensamento são o teste definitivo de responsabilidade pessoal. Para dominá-las, você precisa *saber* que é co-criador com Deus, e sua escolha é o poder definitivo de criar sua realidade. Você está aqui para criar e manifestar – para desfrutar o motivo de Deus tê-lo chamado aqui. Enquanto ao culpar os outros, continuará cometendo os mesmos erros. Você não pode fugir de si. Como disse um sábio,

AONDE VOCÊ FOR, ALI ESTARÁ.

***

RESUMO

- Você precisa ser um ser humano, não um tarefeiro humano.
- No sincrodestino, seu destino encontra-se em sincronia com a sua mente.
- Idéias + fé + concentração singular = destino.
- A Terra é terreno neutro e manifestará o que você chamar.
- Você precisa estimular seu destino com a ação.
- As pessoas freqüentemente vão à igreja pelos motivos errados.
- Você precisa ter um plano.
- A realidade continuará acontecendo, não importa o que você fizer.
- As suas intenções criam o seu futuro como um tapete a desenrolar-se à sua frente.
- Deixe a dor e o temor do passado para trás.

CAPÍTULO 14

A LEI DO SISTEMA

Ao entrarmos no último capítulo de As leis do pensamento, vamos observar o aspecto mais importante de usar sua mente para manifestar a riqueza e a abundância que é a sua herança natural: compreender o *sistema* divino. Freqüentemente seguimos o que pensamos ser Deus, mas o que realmente devemos fazer é agir para compreender seu sistema. Deus trabalha conforme um sistema construído nas leis do pensamento, para tudo criar na vida de cada ser humano.

Por exemplo, um fundamento do sistema divino é que Deus espera que você aja quando não há meios visíveis de sustentação. Há coisas que Deus lhe dirá para produzir quando você pensar que não há meios palpáveis. Maria disse: "Não conheci um homem", quando Gabriel chegou a ela e revelou-lhe que geraria Jesus. A semente estava em seu interior. Deus deseja que você veja o homem invisível em seu interior e pare de olhar para o exterior. Coloque-se na atmosfera do sucesso, em que os pensamentos das pessoas são coisas reais, e guiará seu movimento ao futuro.

A profecia real traz a redenção

"A palavra profética é sua linha direta com Deus."

Tudo isso está relacionado ao poder e ao enigma da profecia. A palavra profética é sua linha direta com Deus. É uma tradução da palavra divina a uma semente de visão, que se abriga em sua imaginação e começa a se desenvolver. Esta semente, se plantada e nutrida na estação certa, renderá uma gloriosa colheita. Entretanto, como em todos os demais aspectos das leis divinas, aqui há labirintos e armadilhas, e é preciso tomar cuidado. Nem todas as profecias são criadas da mesma forma.

A profecia real é redentora. Sempre chega com uma solução. Deus sempre falará por meio da resposta à sua situação em mente. Encontrar a resposta cabe a você; só a encontrará se agir com consciência do espírito. Mas Deus jamais lhe oferecerá uma visão que não inclua uma bênção. Acreditar nos profetas e na redenção lhe permitirá reconhecer a resposta divina, quando ela vier em forma palpável.

Deus incorpora-se nos verdadeiros profetas. O demônio incorpora-se no profeta que vem para destruir a sua visão e desviar a sua mente das coisas que você deseja. Você precisa aprender a discernir as diversas vozes e faces de Deus. Precisa reconhecer o homem ou o vaso através do qual Deus se move. Se um profeta lhe traz uma profecia, e nela há um aspecto redentor, então ele vem de Deus.

DEUS NUNCA LHE FALARÁ UMA PALAVRA PROFÉTICA
QUE NÃO VENHA COM REDENÇÃO.

Se nela não há um aspecto redentor, então ela não vem de Deus.

Naturalmente, cabe a você *distinguir* uma espécie de profecia da outra. Um homem pode ver um pregador pedir o dízimo e pensar que ele está enganando as pessoas. Outros podem ver o mesmo pregador e falar: "Não, ele está as conduzindo ao favor". Para alguns, um trovão é um trovão. Para outros, é a voz de Deus. Você precisa distinguir isto e aquilo. Se puder discernir, obterá a bênção. Você precisa ouvir a presença *teofônica*: a voz de Deus.

Não confunda cristianismo com Deus

Você precisa perceber Deus em seus disfarces. Só então será livre, como Jesus Cristo o fez. As leis do pensamento transformam as suas percepções, os instrumentos definitivos para transformar a sua consciência. Você precisa aprender a *distinguir* – perceber com precisão, reconhecer as ilusões do passado e instantaneamente perceber os significados das coisas.

Por exemplo, vou a aulas de ioga para desenvolver minha flexibilidade e minha saúde. No entanto, pessoas ignorantes ou temerosas dirão que, quando pratico ioga, estou adorando as divindades hindus. Isso é um erro. É não discernir. Deus está em tudo, em onipresença. Certas pessoas disseram que o demônio estava em tudo. Não confunda cristianismo com Deus. Eles NÃO são o mesmo. Deus é tudo em tudo, e ioga não é uma rejeição dele. Saiba distinguir o que é real e o que é temor.

O contrário do discernimento é a demonização. Em um, você reconhece a incorporação de Deus em diversas coisas. Em outro, você não consegue distinguir e, em vez de discernir, rotula. O discernimento vem do saber, ao passo que a demonização vem da ignorância e do medo. Só com discernimento você pode perceber Deus em sua totalidade. Só então pode ver a "grande obra".

Cada incorporação de Deus é uma parte diversa dessa obra, uma parte diversa do todo. Não se incomode quando os outros não acreditarem no que você crê. Ao fim do dia, muçulmanos, judeus, ateus, todos serão somente outras faces de Deus – faces que você precisa amar.

Da igreja ao reino

Isso é tocar no coração da economia divina. Gastamos muito tempo na igreja buscando o que pensamos ser Deus, mas o que estamos realmente fazendo é buscar um relacionamento com a personalidade de Deus. Queremos falar a Deus, ser confortados por ele, sentir-nos amados por ele, mas não queremos aceitar as suas demandas. Somos passivos e colocamos tudo em suas mãos. Bem, deixe-me dizer-lhe:

DEUS NÃO É SEU SERVIÇAL.

Assim como seu pai não era seu serviçal, você não é o serviçal de seu filho. Você é um guia, um professor, um mentor, e isso é tudo. Tudo o mais é transmitir saber e lições – o sistema de navegação na vida – a seus filhos, e deixá-los escolher os próprios caminhos. Da mesma forma, Deus não deseja que você tenha um relacionamento ilusório com ele; deseja que você se mova da igreja ao reino. O reino abrange todas as coisas de todas as crenças.

O que é o reino de Deus? É o sistema das leis e formas de pensar que torna possível a transição do espírito à carne, que permite a Deus se exprimir em você. Este reino opera na visão; esta nasce na memória e na imaginação e é distorcida pela culpa. Deus atrairá algo de sua memória para dar-lhe uma visão do que pode ser, e esta será formada por sua imaginação.

O medo e a culpa paralisam seus "músculos da imaginação". Se você sentir culpa por prosperar e por ter oportunidades, ou temer o fracasso, exterminará a sua visão. O que teme? O medo ou o fracasso? Teme o sucesso? Ser parte do reino divino significa esquecer o "ter um relacionamento" com Deus e agir. Deus não busca sua adoração, mas sua ação. Agir é tudo. Dê passos sem medo, mesmo se desconhecer as conseqüências. Sinta medo, mas faça-o, de qualquer forma. Lembre-se:

O DINHEIRO SÓ APARECE QUANDO VOCÊ TEM VISÃO,
E VOCÊ SÓ PODE TER VISÃO QUANDO ESTÁ SEM MEDO.

Saiba seu modelo

Outra parte do sistema que os ricos seguem é ter um modelo. Eles sabem o que querem e vão atrás com o poder da intenção concentrada. É fatal trabalhar por algo e esperar algo mais. Tudo precisa ser criado primeiro mentalmente, e então seguirá esse modelo mental.

A prosperidade segue um modelo. Os ricos desenvolvem em sua vida um modelo de pensar e agir que produz a prosperidade. Você não pode se tornar próspero se de certa forma espera permanecer pobre. Precisa convencer-se plenamente e pedir o que sabe que já merece. Você não pode estar em guerra consigo e ser próspero. A prosperidade quer saber se você merece esse estado de consciência. De que forma você vive – afirmando à prosperidade que pode abraçá-lo ou ultrapassá-lo?

Seus pensamentos formam a música da prosperidade. A música segue um modelo, como você sabe: medidas, ritmos, claves e indicação de compasso. Mas se o maestro e os instrumentistas não seguirem o modelo, o resultado será apenas ruído. Na economia cósmica, Deus é o maestro, e você é membro da orquestra. Se não formar o som do que deseja, haverá cacofonia. Se tiver em mente o sistema divino, seguirá o modelo e realizará a música que deseja.

Cada um tem a sua indicação de compasso modelar, seu sistema próprio. Os ricos não abandonam seus modelos, pois sabem que o resultado seria o desastre. Como você pode ver, ninguém enriquece por

acidente. A riqueza tem modelos de agir e de pensar que criam os resultados buscados e manifestam riquezas na vida. Observe os modelos que os ricos seguem e aprenda com eles. Com o tempo, você se tornará consciente do modelo que trabalha por você:
- As pessoas que você conhece.
- As metas que você estabelece.
- Seus pensamentos ao começar o dia.
- Seus hábitos de doar e dar o dízimo.
- Sua forma de explicar reveses.

> *"Tudo na vida tem um plano.*
> *Jesus não fez nada que não tivesse*
> *visto o Pai fazer antes."*

Depois de saber seu modelo, não se desvie dele. Tudo na vida tem um plano: Jesus não fez nada que não tivesse visto o Pai fazer antes. Você não pode viver na esperança; precisa viver na certeza. Se você trabalha por uma coisa e espera outra, você é hipócrita. E você não pode viver como hipócrita.

Rejeite os que o rejeitam

Cuidado com as pessoas que surgem em seu mundo e buscam romper seu modelo. Você precisa saber que não há derrota em sua mente, antes de poder realizar. Nada pode romper sua auto-estima. O sucesso tem olhar, sentimento, passo, som e aroma. Quando você realiza o sucesso, esse olhar, aroma e sentimento atrairão as pessoas negativas como um cavalo atrai moscas. Você precisa alcançar o nível de domínio em que é capaz de rejeitar a rejeição.

Aprenda a celebrar a rejeição. A rejeição e o desdém são as medidas de quanto vale a sua idéia. Quanto maior a rejeição, maior a consagração. A rejeição é o sinal de que você acredita em sua idéia. Você acreditará nela quando ela se tornar real? A vida não celebra a redundância; celebra e recompensa a originalidade. Artistas, escritores, músicos, diretores, atores – os que demonstram audácia, corajosa originalidade, são recompensados. De Bob Dylan a Kanye West, de

Pablo Picasso ao diretor Spike Jonze, os que assumem riscos são celebrados. Eles não deram atenção à rejeição. Ouviram a voz clamando em suas imaginações e agiram de acordo.

Torne-se pensante

Penetrar no sistema divino para criar riqueza é questão de treinar seus pensamentos. Você precisa recusar-se a casar com a pobreza. A pobreza de espírito difundirá pobreza. Pense pobremente e se tornará pobre. Você não pode ser agradecido sem ser pensante.

Algumas pessoas neste mundo reconhecerão as ações de alguém trabalhando no sistema divino e agradecerão as bênçãos resultantes. Talvez dez por cento das pessoas, não mais, verão o que foi feito, e agradecerão a alguém por isso. As pessoas que pensam compreendem não apenas o que é valioso, mas sabem o motivo do valor. Busque ter somente pensamentos positivos, agradecendo às pessoas em sua vida.

Pensamentos certos causam milagres; pensamentos errados geram desastres. Você precisa treinar-se a pensar progressivamente, criativa, construtiva, inventiva, abundante e positivamente. A vida só recompensa a criatividade, o risco e o otimismo.

Para que direção você olha?

Aqui há algo para dominar e interiorizar:

VOCÊ IRÁ NA DIREÇÃO EM QUE OLHAR.

Você se moverá conforme a orientação de sua mente. Se seus pensamentos dirigem-se ao sucesso e à criação de coisas ousadas, corajosas e originais, você atrairá à sua órbita coisas e pessoas com pensamentos similares. Por outro lado, se sua mente guiar-se por dúvida, medo e inveja, atrairá infortúnio e necessidade à sua vida, bem como pessoas que o levarão ao mais baixo. Você irá na direção em que olhar.

Habitualmente, você pode ver para onde as pessoas caminham. Se alguém tem idéias, mestres, amigos e parceiros de sucesso, é óbvio para onde vai. Igualmente acontece quando alguém se orienta pela expectativa do desastre, pois o desastre sempre parece manifestar-se, de alguma maneira. Se tudo o que você é são problemas em sua vida, você está olhando na direção dos problemas. O difícil é que você pode nem sequer saber de um problema, até alguém trazê-lo à sua atenção. Ter as pessoas erradas ao lado pode criar problemas sem que você saiba, até ser tarde demais.

Mas se você olhar na direção de soluções, criará soluções. Algo favorável vale o que você pagar por ele. Não olhe a quantidade, mas a qualidade. A quantidade pode esmagá-lo, mas a qualidade pode construir nações. Você precisa construir um sistema que traga qualidade à sua vida. As pessoas de qualidade se tornarão seus aliados e estrategistas, e transformarão a sua vida.

Dominar o sistema divino exige que você se torne seu próprio discípulo. Torne-se uma pessoa de qualidade e de mente avançada, torne-se um discípulo de si mesmo como deus, como "Eu sou". Não haverá limites para o que você pode realizar.

***

RESUMO

- A visão enviará a sua provisão.
- Em uma profecia que vem de Deus, sempre haverá redenção.
- Aprenda a distinguir, não a demonizar.
- Você precisa descobrir o Reino, não a personalidade de Deus.
- A marca da besta existe quando você compra e vende como homem, limitado pelo dinheiro.
- Os ricos compreendem o sistema de Deus.
- A riqueza segue um modelo.
- Deus favorece o pensador rejeitado, corajoso e original.
- Você irá na direção em que olhar.

SABER FINAL

Deus lhe pede mais uma coisa, enquanto você realiza a grande jornada da vida rumo à plena concretização de sua divindade: passe-a adiante. Ensine a seus filhos as leis do pensamento. Seus filhos devem superá-lo. Se não, você fez algo errado. Seus filhos devem ultrapassá-lo e você deve alegrar-se por isso.

Ensine seus filhos a honrar os pais. Um homem que não aprendeu a honrar sua mãe não honrará sua esposa.

Finalmente, respeite aqueles que merecem respeito. Encontre alguém digno de respeito e de companhia. Trate-o bem. Trate bem o dinheiro. O que você respeita virá a você. O que você deixa de respeitar irá sentir-se desconfortável em sua presença, e o deixará. O que você não cuida, perderá. Quando desrespeita o dinheiro, sua capacidade de atraí-lo desaparecerá. Se deseja colher, mostre respeito.

Não acuse nada nem ninguém de ser um ente diabólico. Compreenda onde o demônio está e poderá expulsá-lo de si. Você é a chave da criação. Você é tudo de que precisa para agir no sistema de Deus e tomar o lugar como seu divino co-criador. Você tem um potencial eterno, ilimitado, esperando ser aberto no interior de sua mente e de seu espírito. Tudo o favorece para elevar-se.

Deus acredita em você, como você acredita nele. Junto a ele, não há nada que você não possa sonhar ou realizar. Torne-se a abundância que você busca, e manifeste-a.

Amém.